목사들을 위한
변호

목사들을 위한 변호

공헌배 지음

한국학술정보(주)

머리말

오늘날 대형교회들의 목사들이 누리는 혜택들을 보면서 사람들은 마치 대기업의 CEO들 못지않은 영화를 누린다고 생각하는 경향이 있다. 그러나 그러한 사람들이야 말로 극히 예외적인 부류이며, 소수에 해당한다. 다시 말해 일반적으로 목사들이 겪는 경로에서 볼 때 예외적인 사람들이다. 그러나 한국 교회 안에서는 그들의 영향력이 과시되고, 커져 있기 때문에 마치 목사들은 "저런가 보다!"라는 생각을 하게 될 지도 모른다.

어찌 보면 목사들의 생활은 일면 가려져 있는 것처럼 보이기도 하고, 그들의 도덕성은 일반인들보다는 높아야 한다고 여겨지기도 한다. 물론 이는 타당하다. 그러나 목사들은 로마 가톨릭의 사제들과는 다른 패턴의 생활을 한다. 또한 한국교회의 목사들에게는 로마 가톨릭의 사제들처럼 구별적으로 신분을 보장해 주지도 않는다. 특히 한국 사회에서의 목사들에게는 더욱 그러한 점이 있다.

나는 2대째 목사를 하고 있는 사람이다. 외가로부터 하면 나는 3대째 교회를 다니는 사람이며, 내 아이들은 4대째 교회생활을 하고 있는 셈이다. 물론 나의 경험이 다는 아니다. 또한 나의 경험을 일반화

시킬 필요도 없다. 그럼에도 불구하고 나의 경험도 한국교회사 안의 작은 부분이므로 한 역할을 감당하고 있는 것은 사실이다. 사람들은 목사의 생활을 호화롭게 보는가 하면, 목사 가족들을 시기하기도 하며, 때로는 목사의 자녀들에게 따가운 시선을 보내기도 한다. 이유야 어찌 되었던 간에 목사 가족들은 일반 가정의 자녀들보다는 약간 다른 관점에서 조명될 수도 있다.

나는 목사들의 억울한 사정들을 직. 간접적으로 여러 차례에 걸쳐 겪어 보았다. 그래서 이 책에서는 목사들의 속사정들이 어떠했는지, 또 말은 못하지만 속으로 얼마나 가슴앓이를 하고 계셨는지를 조명할 것이다. 우리 사회에서는 더러 성폭행을 당하거나 성추행을 당했을 때, 분하고 억울하지만 겉으로는 말을 못하고, 속으로 삭이는 사람들이 있다. 그런데 이에 못지않을 정도로 목사들에게도 억울한 사정들이 있다. 오늘날의 한국 사회에서는 마치 목사들은 강자이고, 더러는 교인들과 간음을 하며, 때로는 공금을 횡령하는 부도덕한(漢)이나 파렴치범으로 몰아가는 경향도 있었는데, 물론 그런 목사들도 있었지만 실질적으로 한국교회에 속한 다수의 칼빈파 교단(일명 장로파) 소속 목사들은 내면적으로 심하게 고통을 겪는 사람들이다. 그렇다면 왜 그들의 고충들을 헤아리는 글들은 부족한 것처럼 보이는가?

한 예를 들어보자. 한국교회에서는 부흥회를 할 때마다 빠지지 아니하고 등장해왔던 단골 매뉴 같은 말이 있다. 그것은 다름 아닌 "목사님에게 잘 하세요"라는 요청이었다. 나는 이 말을 적지 않게 들었다. 그렇다면 반대로 생각해 보자. 천주교에서 교우들에게 "신부님에게 잘 하세요. 그래야 복(福)받습니다"라는 말을 하는가? 하지 않을 것이다. 절에 가서 불도들에게 "스님에게 잘 하십시오!"라는 말 하는 것 본적 있는가? 거의 없을 것이다. 왜냐하면 당연히 알아서 잘 하기 때문이다. 그러나 유독 개신교에서 그것도 칼빈파 교회들에서는 거의 빠짐없이 목사들에게 잘 하라고 요청한다. 이는 사실 불필요한 말이다. 그럼에도 불구하고 그 말을 자주 한다는 것은 실질적으로 교인들이 목사들에게 잘못하고 있거나 목사들이 불이익을 당할 만큼 구조적으로 불리함을 뜻하는 반증(反證)일 것이기 때문이다. 본 저술은 주로 한국 칼빈파(일명 장로파) 교회의 상황을 전제로 하여 쓰여 졌으며, 그 중에서도 대한예수교 장로회의 통합 측의 사례들을 예로 들어 쓰여 졌음을 밝힌다. 그러나 경우에 따라서는 합동 측의 상황과도 비교하였다.

본 저술에서는 사례들을 기술(記述)함에 있어서 사람들의 이름이나 교회들의 이름 그리고 노회들의 이름들은 익명 내지 가명으로 사용했다. 본 저술에 나타난 사례들 중에는 사실과는 어느 정도의 차이가 생길 수 있는 것들도 있다. 그리고 본 저술에 나타난 사례들에 대해서는 사람들에 따라 견해를 달리 할 수도 있다. 본 저술에 나타난 사례들은 필자가 알고 있는 범위 안에서 기술 하였다는 한계가 있음을 밝힌다.

2012년 1월

공헌배

차 례

01

형, 신이 살아있어?

―어느 목사로부터 걸려온 전화

　　　　　　　　　　　　나는 새벽기도회를 싫어한다. 새벽기
도회는 세계 어느 나라의 칼빈파 교단에서도 일반화 되어 있지 않으
며, 교리적으로도 조명되지 못했으며, 개신교 전통의 예배모범이나
신조들에서도 조명하지 않은 한국교회 특유의 종교문화 같은 것이기
도 하다. 이러한 새벽기도회이지만 한국 교회의 관습을 따라 나는 새
벽기도회를 참석하여 인도를 한다. 혹자는 "새벽기도가 싫으면 목사
를 하지 마라!"고 했지만 이는 타당하지 않다. 이 말은 반대로 새벽기
도회가 마치 목사가 져야 할 중요한 책무인 것처럼 들렸기 때문이다.
목사가 기도를 해야 하는 것은 사실이고, 또 웨스트민스터 정치모범
(1645)이나 제2 스코틀랜드 치리서(1578)를 따를 때에도 목사들은 교
인들을 위해 기도할 의무가 있으며, 교인들에게 축복할 권한이 있
다.[1] 그렇지만 그 기도의 시간이 새벽이라는 특정한 시간에 한정될

---

1) Andrew Melville, "The Second Book of Discipline (1578)," Chapter 4:8; "The Form of Presbyterian Church-Government according to the Westminster Standards (1645)," **"Pastors."**

필요는 없다. 새벽기도회에 대해서는 다음에 더 자세하게 말하기로 하고, 어느 날 새벽기도회를 갔다오고 난 뒤, 피곤하여 쉬고 있던 내게 이른 아침에 전화가 걸려왔다. 약간 짜증스럽기도 했지만 나는 전화를 받았다. 나에게 전화를 건 사람은 다름 아닌 나와 함께 신학대학원(M. Div)을 다녔던 목사였다. 나에게 전화를 했던 그 목사는 느닷없이 이른 아침에 나에게 질문을 했는데, 그 질문이 다음과 같았다: "형, 신이 살아있어? 도대체 형이 생각하는 신은 뭐야?"였다. 이런 생뚱맞은 질문에 나는 당황스러웠다. 신이 살아 있느냐? 그게 어디 목사가 할 질문인가? 그의 질문을 언뜻 들으면 신학이론으로서 신의 존재증명이나 신의 특성 등을 묻는 것 같았지만 실질적으로는 전혀 그런 의미가 아니었다. 이와 같은 종류의 질문은 나도 신학대학 다닐 시절에 해 보았는데, 그 질문의 내용은 다음과 같았다: (교수님에게) 칼빈에 대해 알고 싶습니다. 그 때 교수님은 나에게 좋은 문제의식을 가졌다며 칭찬을 해 주었지만 돌이키어 생각해 보니 동문서답(東問西答)이었다. 아니, 칼빈 같이 방대한 신학자를 어떻게 단숨에 알 수 있을 것이며, 도대체 교수님은 무엇 때문에 좋은 문제의식이라고 말한 것인가? 물론 스승으로서 제자에게 도전의식을 심어주고, 칭찬을 해 준 것은 교육의 방법으로써 좋다고 생각한다. 그러나 그런 대답을 들었음에도 불구하고 그 당시의 나로서는 더욱 미궁으로 빠져드는 느낌일 뿐이었다. 뒤늦게 그 이유에 대해 생각해 보았는데, 그 교수님의 대답은 너무 원론적인데다가 당위적이었기 때문이다. 쉽게 말해, '공자 왈, 맹자 왈'하는 소리 정도였다. 그러나 보다 더 면밀하게 나와 상담을 했거나 토론을 했다면 아니, 내가 그 당시에 그 교수와 같은 자리에 있었다면 나는 그런 질문을 하는 학생에게 칼빈이 쓴 "교회의 법령 (1541)"을 읽어 보라고 권했을 것이다. 그 정도만 읽었어도 최소한 질문자가 억울하지는 않았을 터인데, 그 교수는 나에게 뜬구름 잡는 식의 답을 한 것이었다.

그렇다면 그 친구는 왜 잠도 이루지 못하고, 이른 아침에 나에게 그토록 애타게 전화를 했을까? 정말 내가 설명하는 신 존재 증명이나 좋은 이론서에 대해 듣고 싶었던 것일까? 그게 그에게 그토록 중요했을까? 그는 나에게 다음과 같이 요청했다: "형, 신학자들이 주장하는 신 말고, 형이 생각하는 신에 대해 솔직하게 답해 주세요!" 이 질문을 받은 나는 더 당황스러웠다. 대체 이 친구는 나에게 무얼 요구하는 거지? 그런데 나도 이와 유사한 상황에 처해 본 적이 있었다. 학교 다닐 때 수업 시간에 속으로 교수님에게 말하기를, "교수님, 신이 죽었다고 말씀하셔도 좋으니 제발 제게는 숨기지 마시고 진실을 말씀해 주세요!"였다. 그러나 이런 종류의 질문들은 단지 피상적으로만 들었을 때에는 문제를 야기한다. 왜냐하면 그 학생의 상태나 그 학생이 처한 삶의 자리에 대한 이해가 부족한 상태에서 답변되기 십상이기 때문이다. 내가 그 당시에 그런 고민에 빠졌던 것은 중요한 이유가 있었다. 그 학생시절에 내가 교수님에게 "교수님, 신이 죽었다고 말씀하셔도 좋으니 제발 제게는 숨기지 마시고 진실을 말씀해 주세요!"라고 하는 요청은 단지 그 신이 어떤 존재인지를 듣고 싶어서만은 아니었다. 정말 신이 어떤 분이신지 교수가 명쾌하게 설명해 주었다 하더라도 나는 여전히 공허했을 것이다. 물론 나는 객관적으로도 설명을 듣고 싶었다. 그러나 내가 궁금해 했던 것은 단지 그것만은 아니었기 때문이다. 이런 종류의 질문들은 나 뿐 아니라 일반인들도 겪는 상황들이다. 다만 사람들이 친절한 상담가나 신앙적으로 그에게 신에 대해 변호해 줄 선생을 만나지 못했을 뿐이지, 고민이 없는 것은 아니다.

그렇다면 나에게 전화를 한 그 친구 목사는 무엇 때문에 나에게 "신이 살아 있냐?"고 전화를 했을까? 나는 조금 더 길게 통화함으로 그의 고민을 들을 수 있었다. 그 이유는 다름이 아니라 그의 목양 생활이 힘들었기 때문이었다. 일일이 사정을 다 말하지는 않았지만 나는 몇 마디만을 듣고도 그의 고민에 공감이 되었다. 그럼 그렇지! 이유가 있었다. 그 목사는 장로 때문에 목양이 힘들다고 했다. 그러면서 그는 목사직을 그만 두고 직업을 바꾸겠다고 하였다. 그래서 나는 그 친구에게 할 만한 일은 있냐고 물었는데, 그 친구 목사는 나에게 말하기를 그런 것은 묻지 말고, "형, 형이 생각하는 신에 대해서만 말해 줘!"라고 했다. 전화상의 통화였지만 나는 그의 심각한 상태를 느낄 수 있었다. 예를 들면 천주교의 경우에는 이런 사태가 많지 않을 것 같다. 그러나 한국 개신교회 중에서도 장로파 교단, 그 중에서도 예수교 장로회 통합 측의 경우에는 말을 하지 않아서 그렇지, 이 친구와 같은 고민을 하는 목사들이 알고 모르게 많을 것 같다. 그러나 신학대학의 교수들이나 동료 목사들의 답변은 어떠한가? 그에게 만약 "기도하시오!"라고 답을 한다면 그는 되물을 것이다. 과연 그 목사는 기도를 게을리 했을까? 더러 경험담을 강조하는 사람들 중에는 "(자신이 받은)은사로 교인들을 통제하시오!"라고 말 할 수도 있다. 그런데 가만히 생각해 보자. 성령 하나님께서 주시는 은사가 교인들을 제압하기 위해 내리시는 특권일까? 여전히 시원찮은 답변이었거나 개인 특유의 경험으로 상대의 상황조차도 자신의 경험에 의해 답을 하는 오류를 범하게 된다. 이는 그를 대신해서 누가 맡아 줄 만한 문제도 아니거니와 내가 대답을 한다 해도, 그 대답이 그 목사에게 적용된다는 보장은 하지 못한다. 그러면서도 그는 매우 고통스럽다.

다시 그의 질문을 상기해 보자. "형, 신이 살아있어? 도대체 형이 생각하는 신은 뭐야?"라는 질문에 대해 나는 직접적으로는 답을 할 수 없다. 아니, 답을 해 준다고 한들 과연 그게 무슨 소용이 있었을까? 다만 내가 그에게 위로의 말을 건넨다면 "이제, 당신이 믿는 그 신이 당신을 긍휼히 여기시어, 당신이 고생하지 아니하고, 조용히 목양의 길을 접고, 다른 일자리를 찾아서, 보다 더 행복하고도 즐겁게 살 수 있기를 기도한다."라는 정도가 적합할 것으로 여겨진다.

들은 이야기이긴 하지만 어느 큰 교회 목사는 자신의 친구에게 말하기를, "나는 다시 태어나면 예수를 믿지 않을 것이다."라고 했다고 한다. 그러나 위치를 바꾸어 그 목사가 독일에서 살았다면 "나는 다시 태어나도 목사를 하고 싶다"라고 말했을지도 모를 일이다. 나에게 전화를 걸었던 그 친구 목사가 만약 미국에서 목사를 하고 있었다면 나에게 전화를 걸어, "형, 목사 할 만 하네!"라고 했을지도 모른다. 어쩌면 다시 태어나면 예수를 믿지 않겠다고 말한 그 목사나 나에게 신이 살아있냐고 질문했던 그 목사라고 할지라도 그들의 상황이 독일이나 스위스나 프랑스 같은 곳이었다면 교직(敎職)을 맡았으면서도 그 정도로 심각한 전화나 말을 건네지는 않았을 수도 있지 않을까? 만일 그렇다면 이는 단지 신이 살아 계시느냐 계시지 않느냐하는 질문은 핵심이 아닐 수도 있다. 보다 더 정확하게 표현해 본다면, 한국 교회라는 상황이 유럽의 상황과 비교할 때에는 비교도 안 될 만큼 목양의 환경이 열악하다는 말이 된다.

그 날 이후에도 몇 차례 통화를 했는데, 한 번은 그 친구가 목양의 일을 열심히 하지 않는다는 일종의 죄책감을 갖고 있었음을 알게 되

었다. 그래서 나는 그에게 그런 죄책감 따위는 전혀 필요 없다며 다음과 같이 말했다:

> (너는) 결코 죄책감을 가질 필요가 없다. 나도 죄책감을 갖거나 일을 열심히 하지 않는다고 생각하지 않는다. 내 사례비에 비하면 나는 너무도 많이 일하고 있다. 사례비에 비한다면 적어도 3배정도는 많이 일하고 있다. 일을 하지 않아서가 아니라 너무 일을 많이 해서 탈이다.

한국교회의 목사들을 보면 유럽이나 미국과 비교할 때에는 그 처우가 좋지 않다. 한국에서는 더러 교회에서 명절에 쇠고기도 갖다 드리고, 선물도 드리고, 반찬도 드리면서 교인들 나름대로는 목사에게 잘 대접 한다고 여긴다. 그러나 그런 것들 때문에 대우를 잘 하고 있다고 생각한다면 그것은 착각이다. 교인들의 편에서는 서운하게 들릴는지 몰라도 나는 그렇게 생각한다. 왜냐하면 한국에서는 목사들이 복지나 인격적 위상에 있어서 볼 때 형편없는 처우를 받고 있기 때문이다. 이를테면 한국교회에서는 일종의 평균치라든가, 또는 하한선, 아니면 복지의 문제에 있어서 일관성이나 통일성이 없다. 한국교회는 마치 자영업을 하는 사업체처럼 되어 있어서 목사가 교회를 성장시키거나 교회의 재정이 늘어나면 개(個)교회에서는 목사가 교주와 같은 대접을 받을 수도 있고, 반면 교회가 약하면 그 목사는 무슨 구멍가게의 주인처럼 하대를 받는다. 과연 이것을 정당한 교회론으로 볼수 있을까? 그 뿐만이 아니다. 한국교회의 목사들은 너무도 헌신적이다. 심지어는 사적(私的)영역에 있어서조차도 그러하다.
그렇다면 일례로 유럽의 상황과 비교해 보자. 나는 유럽에서 오랫

동안 사시다가 귀국하신 목사님에게 여쭈어 보았다. 나의 질문과 그분의 답변은 다음과 같았다.

질문 1) 교수님, 독일이나 스위스에서는 목사님들이 설교를 몇 회 가량 하십니까?

답변) 많아도 한 달에 두 번입니다. 한 달에 한 번 내지 두 번 정도 합니다.

질문 2) 독일에서는 그 주일의 설교본문과 설교 내용이 개(個)교회로 보내어진다고 하던데 사실입니까?

답변) 네, 매 주일의 설교지침이 내려갑니다. 목사들은 그에 맞추어 설교를 하면 됩니다.

질문 3) 독일에서는 목사들의 사례비가 얼마 정도입니까?

답변) 독일이나 스위스에서는 의사나 교수나 목사들의 수입이 거의 동질적입니다.

질문 4) 독일에서 목사들이 일 년에 쓰는 휴가의 기간은 얼마입니까?

답변) 7주입니다(거의 두 달).

질문 5) 독일에서는 목사들이 예배인도나 설교를 맡지 않는 주일도 있잖아요. 그런 주일에는 목사들이 무엇을 하나요? 그냥 회중석에서 예배에 참여를 하는가요?

답변) 그런 주일은 마누라하고 놀러갑니다.

질문 6) 독일이나 스위스에서는 목사들이 심방을 합니까?

답변) 아니오, 거의 하지 않습니다. 만약 유럽에서 한국교회와 같은 심방을 하게 된다면 그 사람들은 사생활 침해로 여깁니다. 다만 상담요청이 있을 때에는 응해주는데, 그것도 개인의 가정으로 방문을 해서 하는 게 아니라 교회의 집무실에서 합니다.

질문 7) 그러면 독일이나 스위스에서 가톨릭의 사제들은 심방을 합니까?

답변) 거기는 (개혁교회보다도) 더 안 합니다.

물론 이게 다는 아니다. 독일의 목사들은 주 중에 결혼 집례나 장례식 집례를 비롯하여, 학교에 출강을 하는가하면, 교회로 출근을 하여 여러 가지 일로 바쁜 것도 사실이다. 그러나 그렇다고 하더라도 독일의 목사들이 누리는 혜택은 한국의 목사들이 당하는 처우와는 근본적으로 차이가 있다. 특히 휴가나 설교 집례에 있어서 본다면 한국교회의 교역자들은 가히 살인적 처우를 받고 있다. 한국교회의 경우에는 일주일에 혼자서 10회 가량의 집회 인도를 한다. 한국교회의 목사들이 더욱 힘든 이유는 새벽기도회에 있다. 이런 집회는 유럽이나 미국의 경우에서는 찾기 어렵거나 찾을 수 없다. 혹자는 예수님도 새벽에 기도하셨는데, 해야 하지 않겠는가라고 하겠지만 어찌 인간이 예수님이 하신 일을 모두 따라할 수 있다는 말인가? 그런 시도는 자칫하면 교만한 행위가 될 수도 있다. 물론 우리는 예수님을 존중히 여기고, 그 분을 구세주로 믿는 것은 사실이다. 그러나 그렇다고 하더라도 우리는 예수님이 아니다. 더러 보면 '예수님을 본 받아야' 한다는 말을 하는데, 그게 예수님처럼 다 할 수 있다는 뜻으로 받아들여서는 안 된다. 인간은 그렇게 할 권리도 없거니와 그런 경건 생활은 자칫하면 사람들에게 강요를 하게 됨으로써, 인간의 가장 기본적 욕구를 억제 시키는 엽기적(獵奇的)행태가 될 수도 있다. 인간이 누려야 할 가장 기본적 욕구는 식욕, 성욕, 수면욕이다. 그 중에 새벽기도회는 인간의 수면욕을 억제시키는 인권유린의 요소가 있다. 개혁주의의 신조나 신학을 따르더라도 이러한 행태는 거부했다. 즉 신앙이라는 명목으로 사람의 기본권을 억제시키는 것은 바람직하지 않다. 종교개혁운동에서는 사순절에 금식하는 일이나 로마 가톨릭에서 시행 했던 십일조 같은 행위들에 대해 모두 재(再)해석했거나 폐지했다.

한국교회에서 목사들이 당하는 부당함은 사적(私的)영역에서도 종종 드러난다. 특히 작은 교회나 시골교회의 경우에 그런 사례들이 있다. 예를 들면 어느 시골교회에서는 당회를 목사의 사택에서 연다고한다. 당회를 할 때마다 번번이 사모가 손님 맞을 준비에 신경이 쓰인다. 그러나 미국교회의 경우에 있어서 이런 사례는 찾기 어려울 것이다. 한 예를 들면 다음과 같다:

> 한국의 유학생이 미국의 어느 교회를 갔는데, 그 교회에는 목사님의 사모가 교회에서 보이지 않았다고 한다. 그래서 이해가 안 된한국 사람이 "사모님은 어디를 가셨어요?"라고 했더니, 이웃에 있는 다른 교회를 다닌다는 것이었다. 그래서 그 한국 사람은 이해가되지 않아, "왜 이웃 교회로 출석을 합니까?"라고 했더니, 사모님이그 교회에서 반주를 맡았다는 것이었다. 그래서 도저히 이해가 되지 않아 그 한국 사람이 미국 사람들에게 "그게 가능해요?"라고 물었더니, 그 미국 사람들이 대답하길 "우리는 목사님을 모셨지, 사모님을 모시지 않았습니다."라고 했다고 한다.

이만큼 미국에서는 개인의 사생활을 인정해 주며, 상대의 인격을 존중해 주는 흐름이 있다. 당연히 미국의 목사들도 한국의 목사들만큼 자주 예배인도를 하지는 않는다. 세계 어느 나라와 견주어도 한국의 목사들은 혹사를 당한다고 여길 만하다.

이러한 관점에서 보면 한국교회는 낙후되어 있다고 할 수 있다. 한국에 서양의학이 들어 온 지는 약 100년 정도 된다. 그 이후 한국의 의학계나 의료계는 괄목할만한 발전을 거듭하여, 이제는 미국보다도 의료보험 제도가 더 잘 된 나라가 되었다. 한국에 서양법이 들어 온지도 대략 100년 정도 될 것이다. 당연히 한국의 법조계도 많은 발전을 거듭하였다. 한국에서 발전한 요소들 가운데에는 정치사를 꼽을 수 있다. 광복이후 불과 60년 정도 되는 나라에서 최근과 같은 민주주의를 꽃 피운 것도 기적이라면 기적일 것이다. 반면 교회는 어떠한가? 한국에 개신교 선교사들이 들어 온 지는 120년가량 된다. 그럼에도 불구하고 지(支)교회들의 사정들을 볼 때, 별로 성숙하지 못했다고 여겨지는 이유는 무엇일까?

그렇다면 과연 미국이나 독일의 목사들은 한국에 있는 목사들처럼 교인들 때문에 고통을 겪거나 갈등을 겪는 사례들이 빈번할까? 그렇지 않다.

그렇다면 다시 본론으로 돌아가 보자. "형, 신이 살아 있는 거 맞아? 도대체 형이 생각하는 신은 어떤 분이셔?" 이에 대해 답을 해 보겠다. "응, 신은 분명히 살아계셔! 하지만 그 분은 한국의 문화나 관습 때문에 제한되시는 분이 아니란다. 문화나 관습 너머에 계시는 절대 타자이시며, 초월자이신 거룩하신 그 신을 믿으렴!"

02

사례비 끊기고
강단권 빼앗긴 목사

본장(章)의 주제는 "사례비 끊기고 강단권 빼앗긴 목사"이다. 이런 말을 들으면 생소하여, 그런 일도 있는가라고 반문할 사람들이 있을지도 모르겠다. 하지만 이는 사실이며, 이 사례는 한 번에 그치지 않았다. 다시 말해 이와 유사한 종류의 사례들이 예수교장로회 통합 측의 ○○노회에서는 반복적으로 일어났다는 뜻이다. 그렇다면 그 ○○노회에서는 이와 같은 사태에 대해 별 다른 해결책을 내놓지도 못했고, 예방책을 제대로 만들지도 못했다는 뜻이 된다. 그러한 사태가 발생했다면 그 노회에서는 즉각 조치를 취했어야 했지만 노회의 자정능력은 그렇지 못했다. 즉 정말 목사의 사례비를 끊어도 될 정도로 목사가 죄를 지었는지, 그렇다면 그러한 과실이 있었는데도 왜 노회에는 고발되지 않았는지, 아니면 반대로 목사의 과오는 없었는데, 교인들의 횡포로 말미암아 목사가 불이익을 당한 것은 아닌지를 면밀하게 살피어 공정한 처분이 있었어야 했지만 그 노회는 그러한 문제에 있어서 정당하게 처리하지 못했다.

　예수교 장로회 통합 측 ○○노회의 K교회의 당회장 R목사는 ○○○○년 가을 노회에서 임시목사 연임청원을 허락받았다. 이럴 경우에 R목사는 ○○○○년 가을까지 임기가 보장되어 있으며, 그는 합법적으로 당회장권을 행사할 수 있고, 교회에서 치리할 수 있는 권한이 부여되어 있다.[2] 하지만 K교회에서는 R목사에게 ○○○○년 12월까지만 시무하시고, 해가 바뀌는 ○○○○년 1월부터는 시무하시지 말라고 했다. 그리고 그런 일을 주도한 사람은 그 교회의 장로라고 들었다. 해가 바뀐 ○○○○년 1월부터는 목사의 사례비가 강제에 의해 끊겼다. 그리고 강단권도 빼앗겼다. K교회에서는 타 노회에 소속된 노(老)목사를 모셔와 그에게 설교를 맡겼다. 그러나 R목사는 옮길만한 임지를 찾지도 못한 상태에서 이삿짐도 옮기지 못했고, 그 상태는 4개월가량 이어졌다. 즉 시무당회장인 R목사는 개 교회에서 발생한 그 어떤 힘에 의해 자신의 권리를 행사하지 못하는 사태가 발생했다. 이럴 경우, 해당 시찰회에서는 즉각 노회에 보고하여야 하고, 노회에서는 즉각 조치를 취하는 것이 상식이다. 그러나 시찰회나 노회는 아무런 조치도 하지 않았다. 그저 목사 개인이 알아서 하라는 식이었을 뿐만 아니라 그런 일을 개 교회에 맡겨둔 처사에 불과했다. 그래서 나는 직접 R목사와 전화상으로 통화를 했다. R목사의 주장은 다음과 같았다:

　　나의 질문) 목사님, 왜 이런 사태가 발생했습니까?

---

2) 예수교 장로회 통합 측의 헌법을 따르면 임시목사의 임기는 3년이다. 그러나 K교회의 경우에는 목사의 시무임기가 많이 남아 있었음에도 불구하고 시무목사에게 나가라고 강요했다.

R목사의 답변) 내가 (교회 일을) 잘 해보려고 치는 설교를 했습니다.
나의 질문) 단지 그게 문제였습니까?
R목사의 답변) 예, 그렇습니다.

그렇다면 총회의 헌법이나 노회의 규칙에 의하여 판단해 보자. 이 문제는 신학적으로 깊이 논할 만한 가치도 없는 듯하다. 이 문제는 단순하게 생각해도 알 수 있을 정도로 교인들이 오류를 범했다. 즉 R목사의 사례비를 끊고, 강단권을 빼앗은 것은 불법이다. 왜냐하면 이런 사태에 있어서 지 교회나 지 교회에 속한 장로에게는 그렇게 할 수 있는 권한이 없기 때문이다. 만약 목사에게 문제가 있었다면 지 교회에서는 노회에 정식으로 고발을 해야 한다. 그러면 노회 재판국에서는 그 고발의 사유가 정당한지, 부당한지를 판단해야 하며, 그 고발의 사유가 정당하면 재판을 열어야 하고, 그 고발 사유가 부당하다고 판단되면 기각하면 된다. 목사는 그 소속이 노회에 있기 때문에 목사에 대한 견책이나 치리는 노회가 담당해야 하기 때문이다. 목사를 견책하거나 목사를 치리할 수 있는 사유들은 대체로 다음과 같은 것들이 될 것이다. 1) 공금을 횡령한 경우, 2) 교인과 간음을 했을 때, 3) 이단의 교설을 지속적으로 설파한 경우, 4) 도덕적으로 치명적 문제가 있을 때, 5) 사회법으로 보아도 범죄의 사실이 명백한 경우 등으로 볼 수 있다. 하지만 R목사의 경우에는 이러한 사례들과는 아무런 연관이 없다. 그렇다면 R목사의 경우에는 죄과가 없다. 목사는 성경에 비추어 설교를 하는 사람들이기 때문에 굳이 의도하지 않았더라도 성경 자체가 정화 기능이나 예언적 역할을 충분히 하기 때문에 얼마든지 교인들에게 치는 설교처럼 들릴 수 있다. 그리고 설령 목사가 어떤 의도를 가지고 교인들에게 일명 '치는 설교'를 했다고 하더라도 그 자체를 폄하할 수는 없다. 왜냐하면 이는 목사 고유의 권한이라기보다는 목사가 져야 할 책무이기 때문이다. 종교 개혁운동의 특징을 따를 때, 츠빙글리는 자신의 설교들을 통하여 대적자들을 공격하고, 그들의 주장에 대해 설교시간에 논박을 했다.[3] 또한 칼빈 시대에는 목사들이 교인들을 치리하는 사례가 매우 많았으며, 그 치리의 과정에서 교인들을 훈계하고, 교인들에게 설교를 통하여 교육하는 방법은 아주 일반적이었다.[4]

칼빈 연구에 있어서 명성을 얻은 부스마(W. J. Bouwsma)는 칼빈의 말을 빌려 다음과 같이 말했다:

> 하나님의 사역자들은 그들의 가르침에 대적하는 자들을 정죄를 받도록 하나님의 법정 앞에 소환해야 한다.[5]

반면 K교회의 장로나 교인들의 행태는 어떠했는가? 납득될만한 정당한 절차를 거치지 않았다. 그래서 이 경우에 있어서는 교인들이 불법을 행한 것이다. 하지만 노회에서는 이에 대해 속수무책인 듯 별 조치를 취하지 않았다.

그렇다면 K교회의 R목사는 왜 그의 강단권을 빼앗기고 말았을까? 사실 그 교회의 장로가 행한 일은 불법적이다. 장로 그 자체로는 그렇게 할 수 있는 권한도 없거니와 그 과정이 합리적이지도 않았다. 그렇다면 명분은 목사에게 유리했을 텐데 왜 목사는 마치 속수무책

---

3) John T. McNeill/ 양낙흥 옮김, 『칼빈주의 역사와 성격』 (고양: 크리스챤다이제스트, 1990), 42.

4) Edited by R. M. Kingdon and T. A. Lambert and I. M. Watt, *Registers of the Consistory of Geneva in the Time of Calvin*, Translated by M. W. McDonald, vol. 1, (Grand Rapids: Wm. B. Eerdmans Publishing Co., 2000) 참고.

5) W. J. Bouwsma/ 이양호, 박종숙 옮김, 『칼빈』 (서울: 나단, 1991), 518.

처럼 당하고만 있었을까? 뒤늦게 누군가를 통해 들은 말을 따른다면, 여론 때문에 아마도 목사가 위축되었던 것 같았다. 즉 교인들의 다수가 장로의 편이었거나 장로가 선동을 하여 목사를 따돌렸던 것 같았다. 물론 그런 일이 있었더라도 목사가 의연하게 대처했다면 문제가 달랐을 수도 있겠지만 어딘가 모르게 목사도 마음이 흔들렸던 것으로 추측된다. 예를 들면 장로가 선동을 하여, 교인들보고, '우리 모두 예배에 참여하지 맙시다. 목사혼자 예배드리도록 모두 밖으로 나가 버리십시다.'라고 해 버린다면 목사는 심리적으로 부담을 느낄 수밖에 없다. 물론 그렇게 했다고 하더라도 목사는 단 한 사람을 앉혀 놓고도 예배를 드리면 된다. 굳이 모인 수(數)에 흔들릴 필요는 없다. 그래서 앞으로는 목사들을 교육할 때에는 수에 흔들리지 말라고 가르칠 필요가 있다. 단 한 사람이 남아 있어도 공적(公的)직무는 행하여야 하며, 때로는 백인, 천인, 만인이 몰려와서 에워싸더라도 당당하게 자신의 직무를 행할만한 배짱이 있어야 한다. 목사들을 가르치는 신학대학의 교육과정에서도 이와 같은 교육은 필요하리라 본다. 하지만 R목사의 경우에는 K교회와 같은 사태에 대하여 그다지 의연하게 대처하지 못한 듯 보인다. 물론 이에 대해서는 목사 자신에게도 책임이 있다. 그러나 이 문제는 구조의 문제와도 연관이 있다. 예를 들어 천주교의 경우라고 생각을 해 보자. 과연 이와 같은 사태가 발생할 수 있겠는가? 천주교에 과연 그러한 사례가 있을까? 꼭 같은 지역의 교회일 경우, 천주교라면 이런 일은 발생하지 않을 것이다. 만약 감독제를 하는 루터파 교회가 그 지역에 있었다고 해도 그런 일이 쉽게 발생하지 못할 것이다. 아니, 꼭 같이 예수교 장로회였다고 할지라도 합동 측이나 고려 파 정도였다면 일어나기 힘든 일이었을 것이다. 그렇다면 통합 측의 경우에는 관습적으로 문제를 일으킨 셈이 된다. 물론 이는 구조(법)적 취약성도 있겠지만 관습이나 그 지역의 문화에서 비롯된 특성 또한 배제할 수 없다고 보아야 한다.

여기서 생긴 문제는 무엇일까? 그것은 첫째, 목사를 자신들의 치리 자로 받아들이지 않았다는데 있다. 즉 목사의 권위나 권한을 인정하지 않았다는 뜻이다. 만약 목사를 합법적으로 인정하고, 그의 권한에 순종할 의지가 있었다면 교인들은 목사를 내 보낼 때에도 합법적 방법을 고안해 냈을 것이다. 그래서 K교회의 경우에는 법에 대한 인식이 부족했거나 목사의 권한을 인정하지 못한 오류를 범했다. 아니면 어느 정도는 법을 알았지만 그 지역의 관습 때문에 법을 무시한 것이다. 이럴 경우에는 반드시 노회가 정당하게 치리하여야 하지만 노회역시 장로들의 세가 만만하지 않은 곳임을 목사들도 잘 알고 있고, 장로들도 잘 알고 있다.

둘째, 교인들은 자신들이 알고 모르게 '교회의 주인'으로 각인되어 있었다. 이를테면 장로는 교인들과 평생을 함께 해왔거나 함께 할 사람이고, 목사는 떠나면 그만이라고 생각할 수 있다. 이리될 경우, 마치 장로나 교인들은 교회의 주인처럼 된다. 반면 목사는 고용되는 사람처럼 인식하게 될 우려가 있다. 나의 경우에도 실지로 어느 집사가 목사와 교인과의 관계를 '고용관계'로 이해하고 말하는 것을 들은 적이 있다. 즉 교인들은 목사에게 월급을 주는 사람들이므로 목사는 교인들을 위해 서비스해야 한다고 생각한다는 점이었다. 물론 이러한 생각은 타당하지 않다. 왜 그런지에 대해서는 말 할 가치조차도 느끼지 못하기 때문에 여기서는 더 이상 설명하지 않겠다.

K교회의 경우에는 교회 부동산(즉 교회 토지)이 유지재단으로 등

록되어 있지 않고, 장로의 앞으로 되어 있다. 그래서 그 교회의 장로는 종종 '이 땅(교회 땅)은 내 땅'이라는 인식을 갖고 목사를 외부인처럼 대했다는 뒷이야기도 들었다. 그렇다면 적어도 이 경우에 있어서는 제도적으로 취약한 점이 있었거나 관습적으로 문제가 있었다. 그래서 나는 이러한 문제와 관련하여 초기 조선예수교 장로회 총회의 규례 하나를 소개해 본다.

> 牧師一人 長老一人으로 組織한 堂會에서 長老가 萬一 犯罪하면 엇더케 治理 하겟느냐는 慶北老會의 問議에 對하야……犯罪한 長老가 自服하고 責罰밧을것 까지 順從하면 牧師가 治理하고 萬一 不服하면 老會에 上告할일(五二頁)6)

이를 따르면 목사의 권한으로 장로를 치리할 수 있으며, 그 치리에 순종하지 않을 경우에는 그 장로를 노회에서 책벌 할 수 있도록 되어 있다. 물론 이는 오늘날에도 원론적으로는 가능하다. 하지만 관습적으로 쉽지 않다. 예를 들면 예수교 장로회 통합 측의 경우에는 치리를 할 경우, 목사가 단독으로 하는 게 아니라 장로와 함께 해야 한다는 특징이 있다. 또 미조직 교회일 경우에는 장로가 한 사람 뿐일 수도 있는데, 그 한 사람의 장로를 목사가 치리하려면 법적으로 어렵게 된다. 이럴 경우에는 불가피하게 노회의 재판국으로 소송해야 한다. 반대로 개 교회에서 장로들의 수가 많다고 생각해 보자. 이럴 경우에도 목사가 장로를 치리할 경우, 과실이 있는 장로를 치리할 때, 목사가 장로와 함께 치리해야 한다. 그런데 장로가 장로의 편을 들어버리면 오히려 목사가 고립되어 버릴 수도 있다. 게다가 장로들이 교인들

---

6) 郭安連, 『長老敎會史典彙集』(京城: 朝鮮耶穌敎書會, 一九三五), 八七.

을 선동이라도 하게 된다면 목사는 더욱 고립될 수도 있다. 목사들은 경험적으로 그러한 부담에 대해 잘 알고 있다. 그래서 장로에게 잘못이 있어도 장로를 치리한다는 생각을 못하게 된다. 그보다는 오히려 장로에게 밉보여 목사가 쫓겨난 사례들이 더 많을 것이다. 이럴 경우, '개 교회의 당회에서 장로를 치리할 수 있다'[7]라는 예수교 장로회 통합 측의 헌법은 사문화(死文化)된 것이나 마찬가지이다. 하지만 일제 강점기의 조선예수교장로회에서는 달랐다. 여기서 우리는 강신명(姜信明)목사님의 증언을 참고해 보자. 그 분의 증언을 따르면, 평안도 '선천 북 교회'의 당회장으로 있던 백영엽(白永燁) 목사의 사례가 소개된다. 백영엽 목사는 그 당시 민족운동가이기도 했기 때문에 일제 순사에게 잡혀 혹독한 고문을 치렀다고 한다. 백 목사는 잡혀 들어가기 전, 김덕준(金德俊) 전도사를 평북노회에 목사후보자로 천거했는데, 이 일이 관철 되지 않자, 백 목사는 출옥 후, 당회를 소집하여 장로들을 추궁하였다. 여기서 목사와 장로들과의 싸움이 시작된다. 백영엽 목사는 당회장의 직권으로 7명의 장로들에게 '장로시무정지'를 선언했다.[8] 그리고 1천 여 명의 교인들은 목사 지지파와 반대파로 갈라졌다. 이 사건은 선천경찰서의 차원을 넘어, 평안북도 도(道)경찰부에까지 확대 되었다.[9] 이 사건은 2년 이상 끌었다. 이 사건이 수습되는 과정에서 강신명 목사는 선천 북 교회로 보내어졌고, 강신명 목사는 비어있는 당회원들의 자리를 채울 때 투표가 아닌, 목사가 장로후보자를 '지목(指目)'함으로, 노회의 인준을 받아 장로를 세웠다.[10] 여

---

7) "당회 재판국은 일반교인 및 장로, 집사, 권사, 서리집사, 전도사에 관한 소송사건을 심판한다."(대한예수교장로회총회, 『헌법』(서울: 한국장로교출판사, 2007), 209).

8) 전택부, 『토박이 신앙산맥』, 3 (서울: 대한기독교출판사, 1992), 126.

9) 전택부, 『토박이 신앙산맥』, 3, 127.

기서 주목할 사안은 두 가지이다. 첫째, 목사의 권한으로 장로의 시무를 정지시킬 수 있었다. 둘째, 경우에 따라서는 목사의 지목으로 장로를 세울 수도 있다. 하지만 만일 오늘날의 예수교 장로회의 통합 측에서 이와 같은 방식으로 목사가 장로를 '정직(停職)'시킨다거나 장로를 '지목(指目)'이라는 방법으로 세웠다면 난리가 났을 것이다. 그러나 실질적으로 개혁교회의 관례를 존중한다면 이는 별로 이상하지 않다. 실지로 칼빈시대의 경우에는 목사의 허락 없이는 장로가 될 수 없었을 뿐만 아니라 칼빈시대 제네바의 장로들은 시의회에 소속된 시의원들이었다. 쉽게 말해, 매년 2월 제네바 시의회에서는 12명의 시의원들을 컨시스토리(consistory)[11]로 파송하였다. 그 12명의 시의원들을 일컬어 '장로'라고 불렀다. 바로 이 컨시스토리가 오늘날의 노회와 견줄 만한데, 16세기 당시 제네바에서의 목사들은 컨시스토리의 당연직 법률 관들이었고, 장로들은 시의회에서 파송되는 총대(?)직 법률 관들이었다.[12] 물론 파송될 수 있는 시의원들의 수(數)는 12명으로 제한되어 있었다.[13] 그래서 실질적으로는 컨시스토리에서 목사들

---

10) 전택부, 『토박이 신앙산맥』, 3, 132.

11) 이정숙은 'consistory'라는 단어를 킹던(Robert M. Kingdon)의 표현을 빌려, '심리 법정', '강압적 상담 서비스', '교육 기관'으로 이해했다(이정숙, "출교에 관한 존 칼빈의 신학과 제네바 컨시스토리의 활동." 『최근의 칼빈연구』 한국칼빈학회 엮음, (서울: 대한기독교서회, 2001), 322). 그런데 'consistory'의 역할을 본다면 '가정법원'으로 옮겨도 별 무리가 없다. 필자는 이 단어를 '종교 법원'으로 이해하기도 한다. 그런데 라틴어로 'consistorium'이라는 말은 로마 가톨릭의 추기경 회의를 뜻한다. 그 추기경들의 회의는 교황이 주관하거나 참석한 가운데서 이루어지기도 한다. 종교회의 치고는 최고의 기관 중 하나로 이해할 수도 있다. 바로 그 'consistorium'이 칼빈시대에는 'consistory'로 활용되었다. 물론 개혁교회에 있어서의 'consistory'는 로마 가톨릭에서 열리는 추기경회의와는 차이가 있지만 칼빈 시대에는 그 명칭에 있어서만큼은 매우 권위 있는 기관의 이름을 빌려 개혁운동에도 적용한 셈이 된다.

12) "There is no proposal here of a body of elders and all of the ministers to sit in judgment over cases." (Edited by R. M. Kingdon and T. A. Lambert and I. M. Watt, Registers of the Consistory of Geneva in the Time of Calvin, Translated by M. W. McDonald, vol. 1, (Grand Rapids: Wm. B. Eerdmans Publishing Co., 2000), XXIV); 이정숙, "목사는 누구인가?-칼빈의 목사직 이해와 실천." 『한국교회사학회지』 23 (2008. 11): 224와 비교.

13) John T. McNeill/ 양낙흥 옮김, 『칼빈주의 역사와 성격』 (고양: 크리스챤다이제스트, 1990), 215.

의 수가 더 많을 수밖에 없었다. 즉 제네바시의 모든 목사들은 컨시스토리의 법률관들 내지 교도관(?)들이었기 때문이다. 그 당시에 장로들은 시민들을 감시하여 과실이 있는 교인들이나 시민들을 고발하였는데, 그 장로들은 과실이 있는 시민들을 목사들에게 보고하는 입장이기도 했다.[14] 그런데 여기서 주목할 것은 그 당시 장로들의 위상이었다. 그 당시에는 장로가 먼저 되는 것이 아니라 시의원이 먼저되었어야 했다. 즉 시의원들 중에서 12명만 장로로 파송될 수 있었기 때문이었다. 그래서 그 당시의 장로들은 기본적으로 시의원이라는 신분을 획득한 사람들이었다. 그럼에도 불구하고 그 장로들은 목사들의 허락 없이는 장로로 뽑힐 수가 없는 구조였다. 그 당시의 장로들은 연임이 가능하였지만 임기가 1년이었다.[15]

이와 견준다면 오늘날 한국교회의 장로들은 권한이 비대해져 있다. 다시 말해 시의원들 중에서 파송되는 12명의 장로들, 즉 철저하게 임시직이었던 그 장로들을 뽑을 때에도 기본적으로 '시의원'들 중에서 구별하여 컨시스토리로 파송을 하였는데 비한다면, 오늘날 한국교회의 장로들은 종신직에 가까운 항존직분자들이 되어 있다. 예수교 장로회 통합 측의 헌법을 참고해 보자.

> 제40조 장로의 자격: 장로의 자격은 상당한 식견과 통솔의 능력이 있는 자로 무흠 세례교인(입교인)으로 7년을 경과하고 40세 이상된 자라야 한다.[16]

---

14) 이정숙, "제네바 컨시스토리," 『한국기독교신학논총』 18 (2000. 8): 164.

15) 이양호, "칼뱅주의의 희망, 한국교회," 『종교 개혁과 칼뱅』 (서울: 두란노아카데미, 2010), 123.

16) 대한예수교장로회총회, 『헌법』, 181.

즉 통합 측의 헌법을 따를 때 장로가 될 사람은 '상당한 식견'이 있어야 한다고 했다. 그런데 여기서 문제가 되는 것은 그 '상당한 식견'의 기준이 무엇이냐는 것이다. 이런 규정은 모호하다. 만약 상당한 식견이 요구된다면 노회고시부에서 장로 후보자들을 시험할 때, 실지로 상당한 식견이 있는 사람들인지, 식견이 부족한 사람들인지를 철저하게 가려내어야 한다. 그러나 오늘날의 노회에서 장로고시는 의례적인 시험에 그친다. 예수교 장로회 통합 측 헌법의 모순은 다른 곳에서도 드러나는데 그것은 다음과 같다.

제64조 당회의 조직: 당회는 지(支)교회에서(중략) 당회 조직은 세례교인(입교인) 30인 이상이 있어야 한다. 2. 최초의 당회 조직의 경우 장로 2인을 동시에 선택할 수 있으며17)

라고 했다. 이와 같은 구절이 모순인 이유는 '상당한 식견'이라는 조항과 '세례교인 30명 이상'이라는 조항 때문이다. 예를 들어, 세례교인이 30명 이상이면 무조건 상당한 식견을 가진 사람이 나와야 한다는 전제를 달고 있다. 심지어 최초로 당회가 구성될 때에는 세례교인 30명으로, 장로를 두 명까지도 세울 수 있다. 그래야 조직교회가 되도록 되어 있다. 그런데 이러한 조항은 모순이 될 가능성이 크다. 어떻게 해서 세례교인 30명 중에, 아무런 조건도 없이 상당한 식견을 가진 자들이 나올 수 있다는 말인가? 지 교회에서는 세례교인 30명이 넘어 두 명을 천거했는데, 막상 노회 고시부에서 시험을 했을 때 상당한 식견에는 턱없이 모자라는 사람들이라면 어떻게 할 것인가? 그

---

17) 대한예수교장로회총회, 『헌법』, 186-187.

래도 현 관습대로라면 그들은 장로로 임직 한다. 더 큰 문제는 그들을 견제할 수단이 마땅하지 않다는 점이다. 쉽게 말하면 미국이나 유럽에서의 장로들은 임기제에 의한 임시직이다. 그러나 한국에서의 장로들은 종신직에 가까운 항존직이다. 그래서 한 번 잘못 선출되었다고 하더라도 그 장로들이 견제 받을 만한 장치가 별로 없다. 그래서 심지어는 문제를 일으키는 장로들이라 할지라도 견제 한 번 못하고, 고스란히 그 부작용을 그대로 감수해야 하는 경우도 있다. 즉 한국 교회의 장로들은 임기의 제한도 없다시피 한 70세 은퇴에, 죽을 때까지 '장로'라는 명칭이 따라 붙는 종신직 장로 제도를 하고 있다.

그렇다면 다시 K교회의 사태를 생각해 보자. 과연 그 교회의 장로는 '상당한 식견'을 가진 자일까?

03

멱살 잡힌 목사

L교회의 U장로는 10년 넘게 교회로 오던 후원금을 모았다. L교회는 시골교회인지라 여러 곳에서 후원금들을 보냈다. 그런데 그 후원금을 관리하던 사람은 U장로였다. L교회로 보내어졌던 후원금들은 5천 만 원이 넘었다. 그 후원헌금은 모두 U장로가 관리하였으며, 그 5천 만 원이 넘는 헌금은 모두 장로 개인이 써버렸다. 그 일은 교인들도 몰랐고, 교역자도 몰랐다. 그 교회를 거쳐 간 교역자들은 그 후원금에 대해 알기 전에 교회에서 쫓겨났다. 그 교회를 거쳐 간 교역자들에게는 시무임기도, 연임청원도 필요 없었다. 3개월 만에 쫓겨 간 교역자, 6개월 만에 쫓겨 간 교역자부터 해서 1년 만에 쫓겨 가는 교역자들까지 주로 그런 양상이었다. 다음은 L교회의 Q목사를 통해 확인한 것이다:

질문 1) 목사님, U장로에 대해 들었습니다. U장로가 횡령한 금액은 얼마입니까?

답변) 5천 만 원이 넘습니다.

질문 2) 얼마동안 모았길래 그 시골교회에서 5천 만 원도 넘게 모았습니까?
답변) 10년 넘게 모았습니다.

질문 3) 전액을 모두 그 한 사람이 썼습니까?
답변) 예.

질문 4) 노회의 재판국으로 고발하지 않으셨습니까?
답변) 아니오, 그 때는 그걸 잘 몰라 언론사에 먼저 고발했습니다.

질문 5) 목사님은 어떻게 그 사실을 아셨습니까?
답변) 저도 몰랐어요. 제가 교회로 온지 한 일 년 쯤 되니까. (장로가) 나보고 교회에서 나가라고 하더라고요. 그러던 어느 날 어느 곳에서 편지가 왔는데, 그 내용이 이상해서 알아보다가 교회로 오던 후원금이 있다는 사실을 알게 되었어요. (그래서) 처음에는 성경에 적힌 대로 (장로에게) 권면을 하고, 또 찾아가고 하면서 성경대로 했지요. 그런데 이 사람은 계속 거짓말을 하는 거에요.

질문 6) 노회에서는 어떻게 했습니까?
답변) 노회 재판국에서도 이 문제는 치리했어요. 그래서 그에게 장로자격 정지 ○년이 선고되었습니다.

질문 7) 이 사건은 검찰에 고발이 되어 재판을 했다고 하던데, 결과는 어떻게 되었습니까?
답변) 법원은 U장로에게 "집행유예 1년, 자원봉사 40시간, 그리고 2.900-3.000만원을 배상하라"는 정도의 판결을 하였습니다.

질문 8) U장로는 배상을 했습니까?
답변) 예, 한꺼번에는 아니고, 조금씩 배상을 하여, 2.900만원인가 3.000만원인가를 교회로 넣어 주었습니다.

질문 9) U장로는 예배시간에 교회로 가서 마이크의 짹도 뽑아버리고, 목사님에게 멱살도 잡고 별짓 다했다면서요.

답변) 그럼요. 제가 예배를 인도하고 있으면, 강단에 올라와서 저를 밀쳐내어요. 그러면 저는 아랫 강단으로 내려가서 예배를 맡고, 그가 나의 멱살을 잡으면 나는 가만히 있었어요. 아무런 저항도 하지 않았어요. 그런 일들이 있을 때마다 저는 근거만 남겨두었어요. 심지어는 그가 장로자격정지를 받고 난 뒤에도 여전히 예배를 방해했어요.

질문 10) 그렇다면 예배방해 행위로 노회에 고발을 하면 되지 않습니까?
답변) 예, 그는 노회 재판국에서도 예배방해 행위로 벌을 받았고, 그래도 멈추지 않아 총회의 재판국까지 가서 총회에서도 그에게 책벌했어요. 그 사람은 그런 것 따지는 사람이 아니에요.

질문 11) 그래도 결국에는 그 장로가 교회를 떠날 수밖에 없었다면서요.
답변) 예, ○○○○년 경 부터 교회를 나오지 않았어요. U장로는 지금도 내가 L교회를 떠나기를 바랄 거에요. 제가 나가는 틈을 노려, 다시 L교회로 들어오려 할 걸요.

질문 12) L교회의 교인들은 몇 명입니까?
답변) 그 당시에는 교인이 ○○명 정도 되었어요. 그런데 장로가 그러니까 교인들이 상처 받고 교회를 떠났어요. 청년들도 떠나고요.

L교회는 세례교인이 ○○명 정도 되는 시골교회로서 자립이 안 된다. 그래서 노회로부터도 교역자의 사례비를 지원받고 있다. 그러나 총회의 방침은 교역자 사례비의 하한선이 100만원으로 책정되어 있다. L교회의 목사에게는 청소년기에 접어든 자녀들이 있고, 따라서 학비도 본격적으로 들어간다. 그런데 요즘 세상에 100만원으로 어떻게 생활할 수 있을까?

더러 어떤 이들은 목사의 고난을 당연시 한다. 하지만 이는 바람직하지 않다. 왜냐하면 우리는 고대 이스라엘에서 한반도로 교회를 이전 시킨 것이 아니기 때문이다. 만약 성경에서 곧바로 한국으로 옮길 수 있었다면 교회의 전통과 교회의 격률들과 교회의 역사는 생략되기 때문이다. 우리가 받아들인 제도와 전통은 칼빈주의의 원리에 있다. 그렇다면 칼빈주의 교파의 목사들에게는 과연 희생이라든가 순교자의 정신이 있었을까? 물론 있었다. 그러나 그러한 순교적 정신은 로마 가톨릭 교회에 맞섰던 신학적 이유 때문이었다. 그런데 한국에서는 어처구니없게도 장로들 때문에 목사가 고난을 당한다. 아마 한국 칼빈파 교회의 목사들은 천주교의 교권보다도 자기 교회 안에 있는 장로들을 더 무서워해야 할지도 모르겠다. 아니면 천주교의 전통보다도 장로들이나 문제를 일으키는 교인들이 더 불편스러울 수도 있다. 그렇다면 이제 한국 칼빈주의 교회는 천주교를 향하여 갱신을 외칠 것이 아니라 자체 내의 부조리를 해결해야 할 수준이 되어 버렸는지도 모르겠다.

04

멱살 잡히고, 욕 들은 교역자들

　"멱살 잡히고 욕들은 교역자들"이라는 제목은 다소 낯설다. 왜냐하면 목사들이란 모름지기 인격적으로 일을 하는 사람들이기 때문에 거친 상황에 처하는 경우가 많지 않기 때문이다. 그러나 전도사나 목사가 멱살을 잡힌 것도 사실이고, 욕을 들은 일도 있었다. 그렇다면 교회에서 일을 하는 교역자들이 멱살까지 잡힐 만한 일이 무엇이었을까? 도대체 교회에서 일하는 사람에게 일반 사회에서나 들을 법한 욕(육두문자)까지 들어야 할 까닭이 무엇이었을까?

　○○교회는 그동안 그 시찰 경내에서 교역자들의 시무임기가 가장 짧았던 곳이었다. 내가 듣기로는 그 교회에서는 가장 오래 시무한 교역자가 5년가량 있었다고 했고, 내가 들은 전임 교역자들 중에 그 교회에서 위임청원을 허락받은 목사는 단 두 명뿐이었다. 물론 ○○교회는 역사가 ○○년이 넘는다. 그런데 어쩌다 교역자가 쫓겨났다면 그럴 만한 사연이 있을 수도 있지 않을까라고 생각할 수 있지만 그

일이 상습적으로 반복되었다면 이는 교역자들의 문제라고 하기는 어렵게 된다. 왜냐하면 교역자가 마음에 들지 않아 다시 청빙을 해야 한다면 다음에 청빙할 때에는 마음에 드는 교역자를 청빙하면 되기 때문이다. 그러나 교역자의 이동이 잦은 교회라면 그 교회는 필시 좋지 않은 사태가 반복적으로 발생했을 가능성이 컸다는 뜻이 된다. 나는 교회가 있는 그 마을 사람들을 통해 전임교역자들의 이야기를 여러 차례 들었다. 마을 사람들의 반응은 거의가 전임 교역자들을 칭찬했다. 쉽게 말해 '거기를 거쳐 간 목사님들은 너무 좋은 분들이셨다' 라는 반응이었다. 그래서 교인들과도 대화를 해 보았다. 교인들 중 몇몇의 반응도 동일했다. 하나 같이 좋은 교역자들을 모셔놓고는 얼마되지 않아 나가도록 만들었다고 한다. 그렇다면 그 교역자들을 내보내는 주도 세력이 있었다는 뜻이 된다.

한 은퇴권사의 증언을 들으면 다음과 같다:

"○○○장로는 얼마나 못됐는지, 아주 못 된 짓을 하면서 교역자들에게 눈물을 흘리게 하고는 내보냈어요."

집사 한 사람의 증언을 들으면 다음과 같다:

○○○장로가 ○○○전도사의 멱살을 잡고, 들었다 놓았다 하면서 "이 새끼야(혹은 개새끼야) 나가라, 나가라 카는 데 와 안 나가노?" ○○○목사도 멱살 잡혔어요. (여사로) 이 새끼, 개새끼와 같은 종류의 육두문자를 쏟아 내며 쫓아냈어요. 교역자들이 울고 나갔어요.

모 집사의 증언을 따르면 다음과 같다:

> ○○○장로님 때문에 Z목사님도 많이 힘들었을 거에요. 아마 사모
> 님이 많이 울었을 걸요.

나는 모 집사에게 물어보았다. "굳이 내보내려면 연임청원을 해주지 않는 방법도 있잖아요. 법적 절차도 필요 없나요?" 그랬더니 그 집사가 왈, "그런 거 필요 없어요. 무조건 멱살부터 거머쥐고 욕부터 해댔어요."라고 내게 답했다. 즉 법도 필요 없고, 절차도 필요 없다. 그 장로는 교회 위에서 굴림 하는 초법적 존재자였으며, 보기에 따라서는 시골 마을에서 대장노릇을 해왔던 '왕초'같은 사람이었던 것 같았다. 교인들도 적지 않게 그 장로의 눈치를 보는 듯했다.

나는 다시 집사에게 물었다. "그러면 그 장로가 ○○○전도사 보고 나가라고 했던 이유는 무엇이었던 가요?" 그랬더니 집사가 왈, "설교를 길게 한다고 그랬어요." 그래서 내가 "설교를 얼마나 길게 했길래요? 예배를 마치면 몇 시쯤 되었습니까?"라고 물었더니, 그 집사가 왈, "대략 12시 10분 쯤 되었어요."라고 대답했다.

그 교회를 거쳐 간 교역자들은 한결 같이 그 ○○○장로에 대해서만큼은 상당히 뚜렷하게 기억 했다. 그가 어떤 스타일로 교역자들에게 공격해 왔는지, 어떤 방법으로 트집을 잡아왔는지는 많은 부분 기억하고 있었다. 그것을 일일이 여기에 소개할 수는 없다. 그 곳에서 시무하는 모 목사의 평가는 다음과 같다: "마치 그는 신경증 환자와 같다." 실지로 그 곳을 거쳐 간 전임 교역자 중에, 한 명도 그 장로를 심각한 환자로 평가 했다. 그리고 하나 더 있다. 그 장로의 행동에 동

조를 잘하는 권사가 한 명 있다. 그 권사와 그 장로에게는 공통점이 있다. 모두 ㅇㅇㅇ학원 출신이다. 이 두 사람의 경우에는 교역자들에게 조그마한 꼬투리라도 있으면 결코 놓치는 법이 없다. 그들은 한 치의 실수도 용납하지 않는다. 그들은 예배 시간 후에 그 날 교역자가 무엇을 잘못했다면서 반드시 교인들에게 공개를 하여, 교역자를 망신시키는 것이 마치 자신들의 사명인 양 생각하는 사람들 같았다. 이 두 사람이 트집을 잡았던 이유들은 대체로 다음과 같은 종류의 것들이었다. 1) 어쩌다 주보에 인쇄 상 오(誤) 타자가 있었을 경우 2) 갑자기 어디서 연락이 와 교역자가 저녁예배 시간에 주보에 없는 광고를 하였을 경우 3) 교역자의 설교 중 어쩌다 사투리가 나왔을 경우 4) 교역자가 설교도중 예화를 들면서 농담을 한 경우 등등 마치 이 두 사람은 교역자를 심사하는 사람들 같았다. 아니면 교역자를 감시하라고 어느 기관으로부터 파송이라도 받은 사람들과 같은 인상이었다. 어쩌다가 한두 번 있었던 일이 아니었다. 특히 그 장로의 행태는 상습적이었다. 어떤 달에는 거의 매 주일마다 교역자의 흠을 잡는, 일종에 군기 잡는 시간을 가지는 사람 같았다. 심지어 어느 목사는 그 장로 때문에 스트레스를 받아 쓰러지기까지 했다고도 한다. 그 장로에 대한 일화 중, 기억나는 두 가지가 있다.

ㅇㅇ교회를 거쳐 간 목사 중에는 자신의 승용차를 팔아, 교회차를 구입하는 데 보탠 이가 있었다. 물론 그 승용차는 구입한 지 얼마 되지 않은 새 차와 같은 깨끗한 상태였다. 그래서 가격도 높았다. 바로 그 차를 팔아 교회차를 구입한 목사였다. 그런데 그 시골 마을의 경우에는 TV의 유선도 들어오지 않는다. 그래서 위성 안테나를 설치해야만 시청이 가능한 지역이다. 그 마을에는 수퍼마켓이나 약국하나조

차도 없다. 간단한 일용품이 필요해도 10리 밖으로 가야 한다. 그런데 승용차를 팔았으니 목사로서는 교통이 불편 할 수밖에 없었다. 그래서 사적인 볼 일로 교회차를 조금 더 이용 했다. 그런데 ○○교회의 장로가 누구인가? 결코 그런 기회를 놓칠 리가 없었다. 그는 제직회를 통해, 교회의 유료(기름 값)지출이 왜 늘었냐며 따지고 들었다.

○○교회의 사택은 전에 재래식 화장실 이었으며, 시골집으로 겨울에는 추웠다. 그 교회를 거쳐 간 교역자 중에 한 명이 겨울에 하도 추워, 자재를 구입하여 자신의 손으로 직접 사택의 천장이며 벽에 단열재를 대고, 자기 손으로 직접 일일이 공사를 했다. 단지 지출 된 것이 있다면 자잿 값뿐이었다. 그러나 그 장로는 결코 이런 기회를 놓칠 리가 없었다. 바로 그 문제로 목사와 싸우자고 시비를 걸었다. 역시 그 장로에게 제직회는 더 없이 좋은 기회였다. 왜 돈이 추가로 지출되었느냐는 것이었다. 그런데 그 교회 목사의 말이 재미있다.

> 그 돈 우리 아이들이 준 건대... 장로의 돈으로 고친 것 아닌데... 우리 아이들이 아버지가 시무하는 교회로 십일조도 보내고, 헌금도 하는데, 그 헌금으로 수리한 건대...

그러나 그게 무슨 소용일까? 일단 교회로 들어온 돈은 모두 장로의 허락 없이는 지출될 수 없을 뿐만 아니라 하나님의 허락보다도 장로의 허락을 먼저 받아야 쓸 수 있는데...

그러나 특이한 것은 그 장로도 은퇴한 후에는 목사에게 직접 말하는 것을 자제 했다. 하지만 그가 시무장로였을 시기에는 굉장했다고 들었다. 그 장로는 은퇴한 후부터는 시무목사에게 직접 말하는 방법을 택하지 않고, 시무 장로를 담벼락에 세워놓고 30분이고, 40분이고 훈계하듯 말하면서, 시무 교역자의 흠을 잡는다. 그러면서 (시무 장로에게)"도대체 니는 하는 일이 뭐 꼬?" 가만있지 말고 제발 교역자를 혼 좀 내주라는 식으로 시무장로에게 닦달 했다.

어느 권사의 증언을 따르면 다음과 같다: "○○○장로님이 제직회를 참석하면 긴장됩니다. 매월 한 번씩 전 교인들이 군기 잡히는 날 같았습니다."

그가 시무장로였을 적에는 걸핏하면 저녁예배나 낮 예배 시간 후, 교역자에게 할 말이 있다며 시비를 걸어온다. 그 장로는 사소한 것 하나가지고도 한 달씩 곱씹는 스타일이었다. 마치 교역자들에게 원수 진 사람 같이 보였다.

독자들은 그 교회의 시무 교역자에게 다음과 같이 묻고 싶어 할 지도 모르겠다. 왜냐하면 그 시무교역자는 그 장로가 은퇴한 후에 부임한 사람이었기 때문이다. 그렇다면 그 장로가 은퇴한 후에 부임한 시무교역자에게 질문해 보자:

질문 1) 목사님, 목사님도 그 장로에게 멱살 잡혔습니까?
대답) 아니오, 한 번도 잡히지 않았습니다. 저는 속으로 그가 나의 멱살을 잡아주기를 바랐지요.

질문 2) 그 장로는 목사님한테 욕을 한 적이 있습니까?
대답) 아니오, 한 번도 그런 일이 없었습니다. 사실 나는 그가 나에게 제대로 욕 한번 해 주기를 바랐어요. 그렇게 하면 그 뒤의 결과가 어찌 되냐구 묻고 싶겠지요? 만약 그가 나에게 욕을 했다면 그 뒷일이 어찌 되었을까요?

한 번은 공동의회를 마치고 그 장로가 목사에게 화를 내면서 "(이거) 쪼인트를 까 부까?"라고 했다. 그러자 목사는 즉각 자신의 다리를 내밀며, "자, 까세요." 목사는 다시 그의 얼굴을 내밀며 (장로에게) "때리세요. 때린다면서요. 때려보세요."라고 했다. 그러자 밖이 소란스럽다고 느꼈는지, 교회 안에 있던 시무장로들과 밖에 있던 사모가 다가갔다. 목사는 시무장로들에게 이 사람이 나를 때리겠대요. 잘 봐 두세요. 때린답니다. 그러면서 목사는 사모에게 "여보, 휴대전화 꺼내요. 카메라 작동시켜요. (나를)때린다고 하니까 (그 장면을)카메라에 담아 두세요."라고 했다.

그 장로와 목사 사이에 있었던 일화를 일일이 다 설명하자면 지면이 많이 소모된다. 그래서 기억나는 몇 가지 사안에 관해서만 소개하겠다.

그 목사의 경험이 다는 아니지만 심방에 대해 말하려 한다. 그가 시무하고 있는 교회의 특징 중 한 가지는 그 곳을 거쳐 간 전임자들이 심방을 자주했다는 점이었다. 아마 노인들이 주류층이라 그리했던 것 같다. 어떤 전임자는 교회에 다니지 않는 노인들의 생일까지 챙겨주고, 목욕도 시켜주고, 농사도 짓고, 아픈 교우들을 자기 가족처럼 돌보았다. 그래서인지 조건반사적으로 그 목사에게도 그러한 심방을 기대하는 듯했다. 그러나 그 목사는 그렇게 자상하게 심방하지 않았다. 또한 그 목사의 생각으로는 심방을 자주 하는 것이 목양의 특징으로 반드시 옳은지도 의문이었다. 그리고 그 목사의 스타일 자체가 그리 자상한 편이 아니다. 또한 그는 성격이 자상한 사람도 아니다. 물론 그렇다고 해서 심방을 전혀 하지 않은 것은 아니다. 그러나 전임자들만큼 열심히 하지는 않았다. 그냥 그의 스타일이 그랬다.

그런데 특성 상 이 교회에는 전술한 것처럼 교역자 쫓아내기로는 일가견이 있는 장로가 한 명 있고, 그에 동조를 잘하는 권사도 한 명 있다. 물론 이 두 사람은 전술한 것처럼 상당히 별났다. 이 두 사람은 별에 별 걸 가지고도 말을 만들어내고, 아주 사소한 것 가지고도 분노한다. 곁에서 보면 이상할 정도였다. 그러나 목사는 그냥 지켜보기로 했다. 왜냐하면 그런 행동에 일희일비 할 필요는 없었으니까.

다 이야기 하지는 않겠다. 그 노(老) 장로가 교역자들에게 딴죽을 걸 때에, 잘 쓰는 레퍼토리에 가운데에는 다음과 같은 말도 포함 된다: "교역자가 심방도 안 하고..." 전에 있었던 교역자들에게도 주로 그런 식으로 욕을 보였다. 그런데 그 목사가 알기로 전에 있던 교역자들은 모두 심방하던 사람들이었다. 그러나 그 장로는 심방을 잘 받아놓고서도 수시로 "심방도 안 하고..."라면서 시비를 건다. 교역자에게 뭘 트집을 잡아서라도 애를 먹이고, 교역자들을 쫓아내기 전에 이미 다른 교회의 사람들에게도 자기 교회 시무 교역자의 흉을 보면서 쫓아내기 위한 물 밑 작업부터 했던 사람이었다. 그래서인지 교인들이 그 목사에게 말하기를, 그 장로한테 잘 해야 한다고 종종 충고 아닌 충고를 했다.

다른 것은 접어두고 여기서는 심방이라는 주제로 시작한다. 그 장로는 아나나 다를까, 그 목사에게도 꼭 같은 방식의 딴죽을 걸었다: "교역자가 심방을 소홀히 한다. 고로 직무유기이다." 그런데 목사가 판단하기로, 그 사람의 일차적 목적은 심방을 받고 싶었던 것 보다는 교역자를 곤혹스럽게 하는데 있었다. 왜냐하면 목사가 그 집에 심방을 하지 않은 것도 아니고, 그 집만 특별하게 섭섭하도록 만든 것도 전혀 아니었기 때문이다. 그러니까 그 노 장로는 전에 하던 자신의 버릇을 또 나타낸 것이었다.

그래서 곰곰이 생각한 목사는 다음과 같이 행동했다. 광고시간에『헌법』을 읽어주었다. 그 결과 심방은 권사의 직무입니다. 그러니 심방을 받고 싶으신 분은 시무 권사님과 상의하시라고 일러주었다. "헌법입니다." 이 말을 달리 표현하면 헌법에 심방은 목사의 직무가 아니기 때문에 "제가 굳이 해야 할 의무는 없습니다"[18]라는 다른 표현이기도 했다. 그 날 그 교회에서 어른 노릇을 했던 그 장로는 발끈했다. 그러더니 목사한테 대화를 해 보자고 했다. 아마도 평소 자신이 했던 대로 교역자를 공격할 수 있다고 생각했던 모양이었다. 그래서 목사는 그 장로와 대화를 하기로 했다.

그런데 목사가 차량운행을 마치고 돌아와 보니, 시무장로 두 명과 같이 그 문제 많던 은퇴 장로가 남아 있었다. 장로가 할 말이 있다 하길래, 목사는 장로가 혼자 남아서 뭐라고 할 줄 알았는데, 두 명의 시무장로까지 앉혀놓고, 목사를 기다리고 있었다. 노(老) 장로는 (목사에게) "할 말이 있으면 해 보라"고 했다. 그래서 목사는 할 말을 했다:

> 목사: 헌법에 장로는 교인들을 살피고, 교인들이 도덕적으로 타락하지 않는지, (교인들이) 이단에 빠지지는 않는지, 그러한 것들을 감시하는 직책입니다. 즉 장로는 목사를 견제하기 위해 세운 직책이 아니라 교인들을 감시하라고 세운 직책입니다. 당회는 교인들을 치리하는 기관이지, 목사를 감시하는 기관이 아닙니다. 그런데 어찌하여 장로님은 교인들한테는 관심이 없고, 목사에게 그토록 자주 신경을 쓰셨습니까?
>
> 장로: 내가 언제 목사님한테 신경을 썼습니까? 내 관심은 교인들한테 있어요.
>
> 목사: 예를 들어 드릴까요?
> (목사는 전에 있었던 일을 예로 들었다).

---

18) "권사는 교회의 택함을 받고 제직회의 회원이 되며 교역자를 도와 궁핍한 자와 환난당한 교우를 **심방**하고 위로하며 교회에 덕을 세우기 위해 힘쓴다."(예수교 장로회 통합, 헌법 제8장 52조).

이와 같은 방식으로 대화가 진행되었다. 그래서 목사가 말하기를, 장로의 직무는 무엇이고, 그 장로의 과오는 무엇이며, 따라서 무엇이 잘 못 되었고... 하는 식으로 따지고 들었다. 좀처럼 그 장로에게는 항의를 하지 않아서였는지, 그런 목사의 태도에 놀란 듯했다. 그랬더니 그 장로가 그만 하자고 했다. 목사로서는 더 해 볼 생각이 있었는데, 그 장로가 멈추자고 하길래 목사도 그만 뒀다.

그 날 이후 목사는 한 가지 느낀 것이 있었다: '당회장이 물러서 제대로 통제를 못하면 연약한 교인들이 피해를 보는구나!'라는 것이었다. 그 뒤부터 목사는 질이 나쁘다고 여겨지는 교인들을 방치 하지 않기로 마음먹었다. 이는 어느 개척교회의 사모가 한 말을 통해서도 알 수 있었는데, 착하고 어진 교인들이 그만 다른 곳으로 옮기기로 마음먹었다는 것이었다. 그 이유인 즉, 그 교회에서 질 나쁜 사람 때문에 상처를 받았기 때문이라고 한다. 사모가 착한교인들을 설득해 보았지만 좋은 교인들은 듣지 않고 떠났다. 그 이야기를 연상하면서, 목사는 다음과 같이 마음먹었다: '만약 누군가가 어쩔 수 없이 교회를 떠나야 한다면 가장 질 나쁜 교인들이 떠나야지 선의의 피해자가 생겨서는 안 된다'라는 것이었다. 그래서 '질 나쁜 장로, 질 나쁜 권사, 질 나쁜 집사 이런 사람들은 퇴출 일 순위가 되었다. 그 목사의 생각에는 만약 그 질 나쁜 사람들을 통제 못하거나 교역자가 그들에게 밀리다보면 결국은 교역자조차도 쫓겨나고 교회의 분위기도 망친다'는 것이었다. 그렇다면 결과는 나왔다. 질 나쁜 그 몇 사람들만 내보내면 된다. 왜냐하면 목사에게는 치리해야 할 의무가 있기 때문이다. 이는 교인의 수가 늘었느냐 줄었느냐와는 다른 문제이다.

다시 심방 문제로 돌아가 보자. 그 장로는 평소에, "우리가 심방을 원하는 이유는 주의 종이 그 집을 방문하면 하나님의 복이 임한다고 믿기 때문입니다.”라고 말하였다. 그러나 목사의 생각에는 만약 그 장로의 말이 진심이었다면 장로의 태도는 180도로 달랐어야 했다. 그토록 주의 종의 방문을 귀하게 여기는 사람이 어떻게 해서 주의 종을 자기 종처럼 대할 수 있었을까? 그 장로는 마치 교역자를 자신의 비서관처럼 부려먹으려고 했다. 말만 주의 종이지, 자신의 비위를 맞추라는 것과 다름없었다. 그러나 목사는 그의 말을 일단은 이해하기로 했다. 그러나 장로의 태도는 완전히 틀렸다. 왜냐하면 그 장로는 심방을 반기는 사람이 아니라 마치 뱀이 또아리를 틀 듯, 꼬고 앉아서, “니 함 해봐라... 니 얼마나 잘 하나 보자...”하는 식이었다.

여기서 성경구절 하나를 인용한다:

> 또 그 집에 들어가면서 평안하기를 빌라. 그 집이 이에 합당하면 너희 빈 평안이 거기 임할 것이요 만일 합당치 아니하면 그 평안이 너희에게로 돌아올 것이니라. 누구든지 너희를 영접도 아니하고 너희 말을 듣지도 아니하거든 그 집이나 성에서 나가 너희 발의 먼지를 떨어버리라(마태 10:12-14).

그 목사의 생각에는 복을 빌거나 복음을 전하는 쪽에서는 아쉬울 것이 없다. 받는 쪽에서 아쉬워야 한다. 복음을 배척하는 곳에 대해서는 그냥 신경 안 쓰면 된다. 복이나 평안을 비는 문제도 마찬가지이다. 은혜는 사모하는 곳으로 임하는 법이다. 예수님의 비유에도 나오지 않는가? 씨앗이 떨어지는데 돌작밭이나 가시덩굴에 씨가 떨어지면 열매를 맺지 못하지만 옥토에 떨어질 때 열매가 맺히는 법이다. 천국의 복음도 마찬가지이다. 평안을 빌거나 복을 비는 문제도 마찬가지이다. 문제는 듣는 쪽에 있지, 전하는 쪽에 있지 않다. 요나 같이 전해도 니느웨 백성처럼 받으면 복이고, 바울 같이 전해도 바리새인 같이 받아들이면 무용지물이다. 그렇기 때문에 은혜는 사모하는 곳으로 임하는 법이다. 복도 마찬가지이다. 목사를 축복의 통로로 사용하신다는 것은 칼빈 신학에서도 분명히 나타났다. 그러므로 교인들은 목사들의 치리를 따라야 하고, 목사들의 복음적 설교에 순종해야 하는 것이다. 왜냐하면 목사는 주의 종이기 때문이다. 따라서 심방 역시도 마찬가지이다.

정말 그 장로가 그런 믿음으로 심방을 받기 원했다면 그 장로의 태도는 180도로 달랐어야 했다. 그러나 그 장로는 말만 그러했지, 그의 태도는 주의 종을 마치 자신의 종으로 대하고 싶어 했다. 그의 태도나 말투에서 그런 인상은 역력했다.

그 후 목사는 몇 달 동안 그 장로의 집으로는 방문하지 않았다. 당연히 전화도 안 했다. 이러한 목사의 태도에 대하여 만약 그 장로가 서운하게 생각하여 다른 교회로 옮길 생각이었다면 목사는 기꺼이 이명 서류를 해 줄 참이었다. 그것이 교회를 위해서도 유익하다고 판단했기 때문이었다.

교역자를 주의 종으로 생각했다면 그는 아브라함이 손님을 어떻게 대했느냐를 연상하면 된다. 목사의 방침이 그랬다. 즉 심방의 준비가 되지 않았거나 심방 받는 사람의 태도가 공손하지 않다면 그 집으로는 갈 생각이 없었다. 만약 목사의 축복이 유효하다면 목사는 많이 기도해 줄 수도 있고, 안 해 줄 수도 있다. 이는 기도 받아야 하는 쪽에서 아쉬워야 하는 것이지, 해줘야 하는 쪽에서 아쉬울 이유는 없기 때문이다. 심방 역시 마찬가지이다. 일 년에 한 번을 해도 심방을 한 것이고, 일주일에 두 번씩해도 심방을 한 것이다. 그것은 법이 없다. 교역자의 방침을 따를 뿐이다. 또 하지 않아도 법에 저촉도 안 된다. 굳이 제2 스위스 신앙고백을 따른다 해도 '환자심방'이 의무일 뿐이다. 만약 심방의 의미를 알고, 또 심방을 받고 싶다면 목사에게 정중하게 요청하기를 바랐다. 그리고 목사를 사모하는 마음과 목사에 대한 공손한 태도가 우선 되어야 했다. 이게 전제되지 않을 시 목사는 심방하고 싶지 않았다. 그 목사의 생각에는 '값비싼 복음을 전하면서 왜 값싸게 살아야 하겠는가? 소중한 하늘의 복을 선포하면서 왜 푸대접을 받아야 하겠는가?'였다.

그 날의 대화 이후, 그 장로는 몇 주일 동안을 결석했다. 일종에 시무장로들에게 힘을 행사하거나 시무장로들을 압박하는 행동처럼 보이기도 했다. 그럼에도 불구하고 목사는 그 장로를 그대로 내버려두었다. 당연히 심방도, 전화도 없었다. 몇 개월이 지났다. 목사는 시무 임기가 다 되어가 연임청원을 허락받아야 했다. 목사는 헌법을 참고했다. 그리고 연임청원을 받아본 경험이 있던 교역자들에게 자문을 구했다. 노회의 전직(前職)임원들에게도 문의 하였다. 그리고는 절차를 밟아 나갔다. 교회를 출석하지 않던 그 장로는 시무장로들과 시무권사 한 명에게 압박(?)을 가했다. 즉 교역자를 내보내라는 주문이었다. 시무장로 중 한 명은 목사를 내보내고 싶어 했고, 다른 한 명의 장로는 고민이었다. 아니, 목사로 인하여 마음에 부담을 안고 있었다. 드디어 ○○○○년 ○월 첫째 주일 예배 시에 대리당회장이 왔다. 먼저 당회가 열렸다. 그리고 대리당회장의 인도로 예배를 드렸다. 예배를 마치고, 제직회가 열렸다. **연임청원 안은 가결되었다.** 물론 제직회 이전에 열렸던 당회에서도 연임청원안은 가결되어 있었던 상태였다.

그리하여 그 장로의 입장에서는 목사를 내보내기가 더욱 어려운 처지가 되고 말았다. 그리하여 그 장로는 노골적으로 교회에 출석을 하지 아니하고, 이웃에 있는 다른 교회로 출석을 했다. 그래도 목사는 그 장로를 그대로 내버려 두었다. 어느 날 당회가 열렸다. 시무장로 중 한 명이 목사에게 다음과 같은 종류의 요청을 했다:

목사님, 이유야 어떻든 간에 그 장로님의 집으로는 심방을 하시고, 그 분이 교회에 오시지 않는다면 설득을 하시고, 권하여 교회로 오시게 해야 하지 않겠습니까?

그에 대해 목사는 다음과 같은 종류의 답변을 했다:

제가 뭘 어떻게 해요? 그 장로님이 교역자 한두 번 갈아치웠습니까? 어떤 교역자가 와도 만족하시지 못하시는 분이신데, 제가 무얼 더 해드릴 수 있겠어요? 이 정도로 안 됩니다. 이 주변의 몇 군데 교회를 돌아보시는 정도로 되겠습니까? 그 장로님께서는 경북지역을 다 탐방하여 보시고, 마음에 드는 곳으로 찾아가시면 됩니다. 그래도 마음에 들지 않으신다면 그 지경을 넓혀, 경남지방에 있는 교회들도 돌아보시고, 부산이든, 대구든 다 다녀보시고 그 분의 마음에 흡족한 교회로 가셔서 그 장로님이 보시기에도 흡족할만한 목사님을 찾아가시어 그 교회로 출석을 하시면 됩니다. 영남지방을 다 돌아보셔도 그 장로님의 마음에 드는 교역자나 교회가 없으시다면, 그 때에는 더 지경을 넓혀, 서울도 가보시고, 인천도 가보시고, 그래도 안 되시거든, 전국을 다 순회 해 보시고 난 뒤, 그 장로님의 마음에 맞는 교역자를 찾아가시면 됩니다.

해가 바뀌어 가고 있었다. 그 장로와는 오랫동안 한 마을에 살았던 ○○집사가 목사의 사택으로 찾아갔다. 그 집사는 다음과 같이 말했다:

○○집사: 목사님 요, 그래도 목사님은 목자이시고, 장로는 양 아닙
　　　　니까? 미운 짓을 해도 양은 양 아닙니까? 나중에 주님
　　　　앞에 가면 장로님이나 목사님이나 모두 "잘했다"는 말씀
　　　　을 듣지는 못 할 겁니다.

목사: 양이라니요? 그 분은 양이 아니십니다.

○○집사: 양이 아니면 뭡니까?

목사: 그 분은 교회를 감시하고, 교역자를 감시하는 사람이지요. 교
　　　역자의 위에서 아래로 내려다보며, 교역자를 감시하시는 분
　　　이신데, 그 분이 어떻게 양입니까?

○○집사: 그러면 어떻게 하실 건대요?

목사: 무얼 어떻게 해요. 법대로 해야지요.

○○집사: 법대로 하면 어찌 됩니까?

목사: 6개월 이상 결석하면 교인자격이 정지되고, 결석기간이 1년
　　　이상이면 실종교인으로 처리됩니다. 교인자격이 정지되고 나
　　　면 그 때는 돌아오시고 싶어도 그 분 마음대로는 못 오십니
　　　다. 당회의 허락을 받아야 올 수 있습니다. 그 분이 지금 교
　　　회로 온다고 해도 그냥 받아들이지는 않겠습니다. 저한테 사
　　　과해야 합니다.

○○집사: 그 사람(장로)은 사과 안 합니다. 그 사람은 사과 못해요.
　　　　　아마 다른 곳으로 갈 것 같아요.

목사: 그렇다면 할 수 없습니다.

　실지로 그랬다. 목사는 그 장로가 결석하기 시작한 ○○○○년 ○
월 첫 주부터 계산하기 시작하여 단 하루도 여유를 주지 않았다. 6개
월에서 단 하루도 에누리가 없었다. 6개월만 차면 그 장로는 그 자체
로 교인의 자격이 정지된다. 그 당시의 그 목사는 장로의 교인자격이
정지 되면 즉각 당회를 열어 교인자격정지를 알릴 예정이었고, 또한
그 사실을 시찰회에 보고서로도 올려, 노회의 회의록에도 기록으로
남겨 둘 생각이었다. 물론 헌법에 의거하여 모 장로는 교인의 자격이
정지되었음을 교회에도 광고할 생각이었다. 목사가 교회를 나가더라
도 이것만큼은 근거를 남겨두고 떠날 생각이었다. 그게 후임교역자를

위해서도 바람직하다고 생각했기 때문이었다.

○○○○년 1월 예결산안을 심의하는 공동의회가 열렸다. 장기간 결석하던 그 장로가 그 날은 교회에 출석하였다. 그래서 6개월 이상의 결석만큼은 면할 수 있었다. 그 날 그 장로는 어딘가 좀 어색한 점이 있기는 했지만 평소 그 장로의 행동을 감안했을 때 목사는 그 장로가 회의에 참석할 가능성도 인식하고 있었다. 아니나 다를까 공동의회가 열리자, 재정보고를 하는 시무장로에게 그 별난 장로는 집중적으로 딴죽을 걸기 시작했다. 그러나 사회를 맡고 있던 목사는 그 장로를 진정시켰고, 그 장로의 질의는 공동의회에서 받아들여지지 않았다. 그 장로가 지적했던 계산상의 오류는 터무니없는 말임이 그 자리에서 밝혀졌고, 왜 교역자의 사례비를 낮추었느냐는 질문에 대해서도 교회의 형편을 고려하여 교역자 스스로 결정한 일이라며, ○○○○년 당회 때 교역자가 내 놓은 의견을 존중하기로 했다고 재정 보고를 하던 시무장로가 답변을 했다. 결국 그 노(老) 장로의 질문은 별 이의가 되지 못한 채, 공동의회를 마쳤다. 공동의회에 상정되었던 예. 결산안은 가결되었다.

회의를 끝내고, 교회의 문을 나서는데 장로가 드디어 목사에게 시비를 걸었다. 그 내용 중에 일부는 전술한 바와 같다:

> 그 장로가 목사에게 화를 내면서 "(이거) 쪼인트를 까 부까?"라고 했다. 그러자 목사는 즉각 자신의 다리를 내밀며, "자, 까세요." 목사는 다시 그의 얼굴을 내밀며 (장로에게) "때리세요. 때린다면서요. 때려보세요."라고 했다. 그러자 밖이 소란스럽다고 느꼈는지, 교회 안에 있던 시무장로들과 밖에 있던 사모가 다가갔다. 목사는 시무장로들에게 이 사람이 나를 때리겠대요. 잘 봐 두세요. 때린답니다. 그러면서 목사는 사모에게 "여보, 휴대전화 꺼내요. 카메라

작동시켜요. (나를)때린다고 하니까 (그 장면을)카메라에 담아 두세요."라고 했다.

그러다가 멈추었는데, 목사가 교회 차의 운행을 마치고 돌아와 보니, 그 장로는 가지 않고, 시무장로들을 붙들어 둔 채 교회에 남아 있었다. 목사는 무슨 일인가하여, "왜 가지 않고 남아 계세요?"라며 물었다. 다음은 장로와 목사와의 대화 중 일부이다:

노(老) 장로: (목사를 부르며) 목사님, 이리 와 보세요!
목사: 장로님이 이리 와 보세요.
(그랬더니, 장로가 목사의 앞으로 가서 의자에 앉았다).
목사: (장로에게) 할 말 있으세요?
장로: 예.
목사: 뭡니까?
장로: 내가 그토록 오랫동안 교회도 안 오고 있었는데, 왜 목사님은 심방 한 번을 안 하십니까?
목사: 장로님의 집으로는 가기 싫어서요. 장로님의 집으로 가면 그 일주일 내내 기분이 나빠요. 제가 꼭 장로님의 집에 밥 얻어 먹으로 간 거지 취급 받는 것 같아 가지 않았습니다.
장로: 그렇게 생각하셨다면 오해십니다.
목사: 장로님은 오해라고 하시는 지 몰라도 나는 기분이 나빴어요.
(시간이 지나면서 장로는 목사의 목회 스타일에 대해 불만을 토로했다).

목사: 할 말 다 하셨어요?
장로: 예.
목사: 그럼 집에 가세요.
(그런데도 무언가가 찜찜했는지 장로는 가지 않고 남아 있었다).

장로: 목사하고 장로하고 싸울 일이 뭐 있겠어요?
목사: ...
목사: 장로님, 이 주변에 장로님에 대해 모르시는 분들이 없더군요. 나는 묻지 않았는데도 장로님이 어떤 분이신지를 다 알려 주

데요. 장로님, 어떡하다 그리 유명해 지셨어요?

장로: 참말로 사람들이 내 이야기를 합니까?

목사: 그럼요! 내가 묻지 않아도, 내가 궁금해 하지 않아도 미리 알
　　　 아서 나에게 다 알려주던데요.

장로: 죄송합니다. 제가 사과를 합니다. 목사님, 저를 용서해 주시
　　　 고, 저를 위해 기도해 주십시오.

　그 때 목사는 비로소 그 장로에게 기도를 해주었다. 밖으로 나가기
전 목사는 그 장로에게 한 말씀 했다: "장로님, 전에 보니까 예배만
마치면 흠을 잡고, 말을 만들어 내시던데, 그거 장로님의 권한이 아닙
니다. 장로님, 권한 밖의 일 행사하지 마세요!"

05

장로들이 많은 시골교회의 당회장

○○교회는 시무목사 1인에, 시무장로 2인, 그리고 은퇴 장로는 3인이다. 그래서 목사 1인에 장로가 5인이다. ○○교회는 목사 1인에, 시무장로 4인, 은퇴 장로 3인, 원로 장로 2인으로 목사 1인에 장로가 9인이다. 시골에 교인수도 많지 않지만 장로들의 수가 적지 않다. ○○교회는 세례교인이 100명이 넘고, ○○교회는 세례교인 수가 60명이 넘는다. 그런데 이러한 시골교회들은 세례교인의 수에 비해, 장로들의 수를 최대한 늘려놓은 상태이며, 노회에 파송하는 총대의 수도 최대치이다. 물론 실질적인 주일 출석교인 수는 세례교인의 수보다 적다. 하지만 이 교회들은 최대한 많은 수의 장로들을 뽑은 셈이며, 헌법을 따를 때에는 은퇴 장로도 언권회원으로 당회에 출석할 수 있다. 물론 은퇴 장로들은 관례 상 당회나 제직회 참석을 자주 하지 않는 편이기는 하지만 은퇴나 원로 장로도 경우에 따라서는 시무장로들에게 무언가를 요청할 수도 있는 입장이

다. 이럴 경우에 목사는 수적으로 매우 불리하다. 그래서 목사가 어떤 일을 추진하고 싶어도 장로들을 설득해내지 못한다면 아무 것도 할 수 없을 만큼 어려운 지경이 될 수도 있다. 그래서 이럴 경우에는 목사가 목양을 하는 것이 아니라 자칫하면 장로들이 교회를 좌우할 수 있게 되어 버린다.

그러나 16세기 스위스의 제네바에서는 어떠했을까? 맥닐의 말을 들어 보자.

> 목사들의 숫자는 1560년경에 18명이 되었으나 장로는 여전히 12명 뿐이었다.(중략) 칼빈의 목표는 '최고의 적임자들'이 장로로 선출되는 것이었다.[19]

물론 그 당시의 장로들은 연임이 가능하기는 하였지만 임기가 1년이었다. 그리고 그 당시의 장로들은 시의원들 중에서 선임되었다. 그 선임의 과정도 시의회에 의한 간접선출이었다. 그래서 오늘날의 한국과 같이 교인들에 의해 선출되는 것이 아니었다. 그래서 임기 1년의 임시직을 뽑는 일이었음에도 불구하고 칼빈은 신중하였다.

그 당시의 장로들은 시의원들로서 컨시스토리에서 일을 맡았는데, 전술한 바와 같이 제네바의 목사들은 컨시스토리의 당연직 법률 관들이었고, 장로들은 파송 직 법률 관들이었다. 그런데 그 수(數)에 있어서 장로들의 파송 숫자가 12명으로 제한되어 있었기 때문에 장로들의 영향력이 목사들의 영향력보다 더 클 수가 없었다. 뿐만 아니라 장로들은 목사들에 의해 견제 받을 수 있도록 임기의 제한도 있었고,

---

19) John T. McNeill/ 양낙흥 옮김, 『칼빈주의 역사와 성격』(고양: 크리스챤다이제스트, 1990), 215.

처음에 장로로 뽑힐 때에는 목사들의 소환을 받아야 했다. 그래서 쉽게 말하면 16세기 제네바에서의 장로들은 '치리'밖의 영역에 있어서는 손을 댈 수가 없는 입장이었다. 다시 말해, 예배나 설교와 같은 교회의 일들은 목사회가 전담했다. 하지만 목사들의 업무영역은 교회 안에 국한되지 않았다. 목사들의 업무는 컨시스토리로 확대되어 있었다. 더 쉽게 말하면 교회가 행하였던 4 가지의 직무들 중, 치리의 영역에 있어서 조력자들이 있었는데, 바로 그들이 장로들이었다. 그리고 그 당시에는 교회가 간여했던 구빈원(救貧院)이 있었는데, 그 구빈원에서 일을 보던 사람들이 집사들이었다. 그래서 그 당시의 집사들은 오늘날의 복지사나 간호사와 같은 사람들이었다. 실지로 그런 일에 전문성을 가진 사람들이 집사들이었다. 그래서 장로는 교회의 4중적 기능 중, 컨시스토리에서 일을 보는 자들이었고, 집사들은 구빈원에서 일을 보는 자들이었다. 즉 장로와 집사는 계급이 아니었다. 그들은 철저하게 직무상으로 구별 되었을 뿐이었다. 그러나 한국에서는 마치 장로와 집사가 계급처럼 보여 진다.[20]

16세기 제네바에서는 교회와 연관 된 업무를 맡았던 기관이 4군데였는데, 그 중에 한 군데가 컨시스토리였다. 바로 그 컨시스토리에서 목사들을 도왔던 자들이 장로들이었다. 그리고 구빈원의 집무자들은 집사들이었다. 그리고 제네바 아카데미의 교수들은 '박사들'이었다. 즉 교회와 관련 된 4 가지의 영역 중, 장로들이 참여할 수 있었던 곳은 단 한군데 컨시스토리였다. 반면 목사들은 4 가지의 영역 모두에

---

20) 이정숙은 다음과 같이 말했다: "우리는 집사 다음에 장로로 선출되는 것이지, 장로가 다시 집사가 되는 법은 없다. 그런데 이 당시 직분은 철저히 직무상의 기능이었기 때문에 장로로 섬기던 이가 집사가 되기도 했다."(이정숙, "칼뱅의 제네바 목회로부터 '종합적 목회' 배우기," 『종교개혁과 칼뱅』 4 (2010. 10): 259).

직. 간접적으로 연관되어 있었다. 그러므로 장로들의 권한이나 업무가 비대해져 있다면 이는 칼빈주의의 원리와는 상이(相異)하다. 세계여러 나라의 교회들 중 유독 한국이 그러한 사례에 든다. 즉 한국 장로파 교회의 정치는 16세기 제네바의 교회 정치와는 판이(判異)하게 보인다.

06

목사는 내 아들 뺄이야!

—목사한테 아버지 뺄 되는 장로

○○노회 안에는 연합제직회를 하는 곳이 있다. 회의도중 장로 한명이 앞에 나가 말을 하는 바람에 아래와 같은 대화가 있었다:

> 장로: 전에는 이 주변에 목사님들이 많이 계시지 않아 주로 장로들이 회장을 맡았습니다. 그런데 그 때 전도사님들이 우리도 회장을 하면 안 되냐고 말 했는데, 그래도 장로들이 계속 회장을 맡았습니다. 요사이에는 목사님들이 많이 계십니다만 그래도 장로도 회장을 할 수 있습니다. 총회장도 장로가 하는 마당에 제직회장이라고 해서 장로가 맡지 못하겠습니까? 연합제직회는 친목단체이기 때문에 누구라도 회장을 할 수 있습니다.
>
> (그러자 한 젊은 목사는 즉각 손을 들어 발언을 했다).
>
> 젊은 목사: 장로님, 교단헌법을 보면 '연합제직회'라는 것이 있습니다. 교단 헌법을 따르면, 제직회의 회장은 전도사도 할 수 있습니다. 장로님이 방금 말씀 하신 그런 문제는 법률적 해석을 요하는 대목입니다. 말씀을 가려서 하시는 것이 좋겠습니다.

장로: 목사님, 나도 헌법을 알아요.
젊은 목사: 장로님께서는 누구나 회장을 할 수 있다고 하셨습니다.
　　　　　　그렇다면 집사도, 권사도 회장을 할 수 있습니까?
장로: 그건 안 되지요!
젊은 목사: 장로님, 친목 단체라면 집사나 권사도 회장을 할 수 있
　　　　　　습니다.
(그 때 장로는 버럭 화를 내며, 언성을 높였다).
장로: L목사님 훌륭한 것은 나도 잘 압니다만 목사님은 내 아들 뻘
　　　이요.

　여기서 알 수 있는 것은 두 가지이다. 그 장로의 인식으로는 목사
와 장로는 동등하다는 개념을 갖고 있었다. 둘째, 자신의 나이는 권위
를 가질 수 있다고 생각한 것이다. 그러나 그 때의 상황은 회의 중이
었다. 회의 중에는 회원 자격을 갖춘 사람이라면 누구라도 발언을 할
수 있다. 그러나 장로는 말로 설명이 되지 않자, 언성을 높이며 나이
로 누르려 한 것이다. 물론 이는 바람직하지 않다. 왜냐하면 목사는
아무리 젊어도 목사이기 때문이다.
　성경 한 대목을 옮겨 보자.

　누구든지 네 연소함을 업신여기지 못하게 하고...(딤전 4:12).

　이 말은 바울이 디모데에게 권면한 것이다. 즉 디모데의 나이와는
상관없이 그의 직책 자체가 귀하다는 뜻이다. 그렇다면 제2 스위스
신앙고백을 옮겨 보자. 제2 스위스 신앙고백(1566)의 경우에는 다음
과 같이 말했다:

　우리는 그리스도의 음성이 사악한 목사의 입을 통해서 나오더라도

그것에 귀를 기울려야 할 것을 안다. 성례전이란 그리스도의 제정의 말씀에 의하여 성화되기 때문에 비록 합당치 못한 목사들이 그것을 베풀더라도 믿는 성도들에게 효력을 일으킨다는 사실을 우리는 알고 있다. 이 문제에 관하여는 하나님의 복을 받은 종 어거스틴이 성경에 근거하여 여러 차례 도나티스트들을 반박하였다.[21]

이 말은 예전의 권위나 효력이 집례자의 자질이나 도덕성에 의해 좌우 될 수 없음을 뜻한 것이다. 그래서 목사의 나이가 아무리 어려도 목사는 직책상 권한이 보장되어 있다. 다시 말해 목사는 나이로 말하는 사람이 아니라 직책으로 말하는 사람들이다.

그렇다면 장로는 어떤 직책인가? 이에 대해서는 개혁교회의 전통 신조들과 정치모범들이 아주 잘 설명하였다. 장로는 치리를 위한 직책이다. 그래서 목사와 장로는 직책상 차이가 있다. 즉 목사는 치리와 설교와 예전 집례를 모두 할 수 직책인데 비해, 장로는 주로 치리에 국한 된 직책이다. 전통적 정치모범들이나 교회의 법령(1541)에 비교한다면 한국교회의 경우에는 장로들의 권한이 비대해 져 있다. 뿐만 아니라 한국의 장로파 교회에서는 종신직에 가까운 장로 제도를 하고 있기 때문에, 마치 장로들의 권한이 목사와 비슷한 줄로 여겨 질 수도 있을 것이다. 하지만 전통의 격률들과 견줄 때에는 한국의 장로파 교회들이 매우 예외적인 경우에 해당한다. 그렇다면 장로가 설교를 하는 것은 가능한가? 물론 가능하지 않다. 왜 그럴까? 그 이유는 장로는 설교를 위하여 부름 받은 직책이 아니기 때문이다. 다음과 같이 예를 들어 보자. 신학박사인 장로는 교회에서 설교를 할 수 있을까? 이에 대한 답은 간단하다. 할 수 없다. 왜 그럴까? 그 이유는 장로

---

21) C. Philip Schaff, *The Creeds of Christendom*, vol. 3 (Michigan: Baker Books, 1931), 285; 이형기, 『세계개혁교회의 신앙고백서』 (서울: 한국장로교출판사, 1991), 190.

에게는 설교라는 예전의 집례를 위한 합법적 부르심이 없기 때문이다. 흔히 사람들은 설교를 지식이나 경륜 또는 언변의 문제로 이해하기도 한다. 하지만 이는 천만의 말씀이다. 설교는 결코 지식의 문제가 아니다. 만일 설교를 지식의 문제로 볼 수 있다면 유식한 사람일수록 설교를 더 잘한다고 이해하게 될 것이다. 하지만 설교는 지식의 문제가 아니다. 설교는 직책의 문제이다. 더 쉽게 예를 들어보자. 학사학위 밖에 가지지 않은 목사가 공동의 설교문을 그대로 읽는다면 이는 하나님의 말씀이다. 하지만 아주 유식한 신학박사가 집사인데, 깊이 있는 고뇌로 신학적인 설교문을 구상하여 예배 시간에 소위 '설교'라고 불릴만한 말씀을 전하였다고 해 보자. 그래도 집사가 하는 말은 하나님의 말씀이 될 수 없다. 아무리 유식해도 집사가 한 말은 개인의 견해일 뿐이다. 즉 그것은 집사의 사견(私見)일 뿐이다. 왜 그럴까? 집사는 회중으로부터 말씀의 선포를 위해 합법적으로 부르심을 받지 않았기 때문이다. 제2 스코틀랜드 치리서(1578)나 웨스트민스터 정치모범(1645)을 따를 때, 합법적 부르심은 아주 중요하다.[22] 그리고 더욱 중요한 것은 부르심의 목적에 있다. 즉 무엇을 위하여 부르심을 받았느냐는 것이다. 목사는 말씀의 선포와 예전의 집행과 치리를 위하여 합법적으로 부르심을 받은 사람들이다. 하지만 장로는 회중의 부르심이 있었지만 치리를 위하여 부르심을 받은 사람들이다. 따라서 장로와 목사는 부르심의 목적 자체가 다르다. 그렇다면 집사는 무엇을 위하여 부르심을 입었을까? 웨스트민스터 정치모범에서는 다음과

---

22) Andrew Melville, "The Second Book of Discipline (1578)," Chapter 4:4; "the office of a minister of the word without a lawful calling."("The Form of Presbyterian Church–Government according to the Westminster Standards (1645)," **Touching the Doctrine of Ordination**.").

같이 말했다:

> 성경은 집사직을 교회 안에서 특별한 직책이라고 강조한다.[23]

> 그들(집사들)의 직책은 영속적[24]이다. 그러나 그들의 직무는 말씀을 설교하거나 성례를 집행하는 것은 아니며, 가난한 자들의 필요를 따라 나누어 주고, 그들을 돌보는 것이다.[25]

여기서도 분명하게 나타나 있다. 집사를 세운 목적은 가난한 자들을 돌보기 위해서이다. 그렇다면 장로는 무엇을 위해 부름 받은 사람들일까? 이에 대해서는 두 말할 나위가 없다. 교인들을 치리하기 위해서이다. 여기서 주의 할 것이 있는데, 마치 장로가 목사를 견제라도 하는 사람인 것처럼 여긴다는 점이다. 하지만 이는 오해이다. 장로는 교인들을 돌아보며 그 교인들이 신앙생활을 정상적으로 하고 있는지, 교인들이 윤리적으로 타락하지 않았는지를 살피는 데 있다. 물론 칼빈시대에 컨시스토리의 판례를 참고 하면 목사를 견책한 경우도 있기는 있다. 그러나 그런 사례는 희박하며, 그 경우에 있어서는 목사의 범죄 사실 때문이었다.[26] 다시 말해, 컨시스토리는 목사 그 자체를 견책하기 위한 기관이 아니라 제네바 시 전체의 치리 문제를 다루는 곳이었다. 그렇기 때문에 컨시스토리는 목사 뿐 아니라 장로나 평신도나 관료들일지라도 얼마든지 치리할 수 있는 기관이었다. 물론 그

---

23) "The Form of Presbyterian Church-Government according to the Westminster Standards (1645)," "Deacons."

24) 여기서 '영속적'이라는 말은 직책에 해당하지, 사람에 해당하지 않는다. 그래서 집사는 임시직이다. 이에 대해서는 부록에 있는 논문 "16 · 17세기 브리타니아의 치리서들에 나타난 항존직(恒在職)"을 참고 하라.

25) "The Form of Presbyterian Church-Government according to the Westminster Standards (1645)," "Deacons."

26) 이정숙, "목사는 누구인가?-칼빈의 목사직 이해와 실천," 『한국교회사학회지』 23 (2008. 11): 217.

컨시스토리의 주요 법률관들은 시민행정관(syndic)들과 목사들이었다. 다시 말해 컨시스토리의 구조가 장로들이 목사들 보다 더 힘을 쓸 수 있는 것이 아니었다. 그렇다면 실질적으로 목사들을 견책할 수 있는 이들은 누구였을까? 제2 스위스 신앙고백에서는 다음과 같이 말했다:

> 그럼에도 불구하고 목사들(ministros)을 위한 적절한 치리가 있어야 한다. 대회 안에서는(in synodis) 목사들의 가르침과 삶을 주의 깊게 검토해야 한다. 교정될만한 범법자들은 목사들(pastores)[27]에 의하여 견책 받아야 하고, 올바른 길로 인도 되어야 한다.[28]

이를 따른다면 목사에 대한 견책도 가능했다. 그러나 목사에 대한 '치리'는 대회 안에서 자정적(自淨的)으로 이루어져야 한다. 그래서 목사들에 대한 견책을 개 교회나 개 교회의 어느 장로가 마음대로 집행할 수는 없었다. 그렇다면 장로들은 억울하다고 여길지도 모른다. 한국 속담에 "가재는 게 편"이라는 말이 있다. 그래서 같은 직책자들끼리 견책한다면 어떻게 그것을 믿을 수 있겠느냐고 반문할 수 있다. 그러나 실은 칼빈 시대의 경우, 실지로 목사회가 활발하게 활동을 했고,[29] 목사들 스스로 반성하는 시간을 가졌다.[30] 그럼에도 불구하고 목사들끼리는 한 편 아니냐고 이의를 제기할 사람이 있을지 모르겠

---

27) 이형기 교수는 이 단어를 '장로들'로 번역하였는데, 결정적인 오역(誤譯)이다. 'pastores'는 '목자(牧者)'를 뜻한다. 따라서 이 단어는 '목사'로 번역함이 마땅하다. 영어로 번역 된 미국 판 제2 스위스 신앙고백에서는 라틴어 원문에 없는 "of the elders"라는 말을 삽입하였다(Schaff, *The Creeds of Christendom*, 884). 영어로 옮겨진 미국 판 신조들에서는 이와 같은 종류의 삽입 및 변질의 사례들이 더러 있다.

28) Schaff, *The Creeds of Christendom*, 285; 이형기, 『세계개혁교회의 신앙고백서』, 190.

29) 이정숙, "목사는 누구인가?-칼빈의 목사직 이해와 실천," 『한국교회사학회지』 23 (2008. 11): 223-224.

30) 이정숙, "칼뱅이 그린 목회: 어머니가 자식을 품듯이," 『종교 개혁과 칼뱅』 4 (2010. 10): 247.

다. 그래서 만일 다른 직책자들이 목사들을 견책해야 한다면 그 직책
자들은 '신학 교수'여야 한다고 생각한다. 다시 말해 신학자들은 목사
들을 견책할 수 있다. 하지만 회중의 선택에 의해 뽑힌 장로들이 목
사를 견책하는 것은 어딘가 모르게 어색하다. 필자의 생각에는 만약
장로들이 목사를 견책한다면 그것은 하극상(下剋上)처럼 보인다.

그렇다면 다시 본론으로 돌아가 보자. 장로와 목사는 동등한가? 물
론 신분상으로는 그럴 수도 있다. 그러나 직책상으로는 전혀 그렇지
않다.31) 따라서 장로는 설교를 할 수 없다. 당연히 예배시간의 사회
도 하면 안 된다. 왜냐하면 장로는 설교나 예배의 집례를 위해 부르
심을 받은 사람들이 아니기 때문이다. 그렇다면 은퇴목사는 설교를
해도 되는가? 물론 안 된다. 사실 은퇴 목사 정도의 경험이나 지식 정
도라면 얼마든지 설교를 해 낼 수 있을 것이다. 그럼에도 불구하고
은퇴 목사가 설교나 예배 인도를 할 수 없는 이유는 합법적 부르심이
없기 때문이다. 즉 은퇴 목사는 설교나 예배를 위해 합법적으로 부르
심을 받은 사람이 아니다. 그래서 실은 설교나 예배 인도는 지식이나
경험이나 도덕이나 집례자의 자질 문제가 아니라 직책상 권한의 문
제이다. 즉 설교나 예배의 집례는 합법적으로 부르심을 받은 시무 목
사들만의 특권이다.

사람들은 경우에 따라서 목사의 설교를 언변이나 발음상의 문제로
이해할 수도 있을 것이다. 예를 들어 좋은 목소리에 정확한 발음으로

---

31) "It is not necessary that all elders be also teachers of the word, albeit chiefly they ought to be such,
and so are worthy of double honour. What manner of persons they ought to be, we refer it to the
express word of God, and, namely, the canons written by the apostle Paul."(Andrew Melville, "The
Second Book of Discipline (1578)," Chapter 6:3; Edited by David W. Hall and Joseph H. Hall, *Paradigms
in Polity*: Classic Readings in Reformed and Presbyterian Church Government, (Grand Rapids: Wm.
B. Eerdmans Publishing Company, 1994), 240).

설교를 하면 듣기 좋을 것이다. 사실 그런 점 때문에32) 칼빈시대에는 목사 고시자들의 목소리를 감안하여 심사하였다. 그럼에도 불구하고 설교는 언변이나 목소리의 문제가 아니다. 예를 들어 TV에 나오는 아나운서가 설교문을 그대로 읽는다면 과연 그것은 하나님의 말씀인 가? 물론 아니다. 목소리로 하면 아나운서가 목사보다 더 좋을 수도 있다. 하지만 그것은 결코 설교가 될 수 없다. 또 어떤 사람들은 목사 의 언변으로 좋은 설교와 좋지 못한 설교로 구분하기도 한다. 하지만 이 역시 바람직하지 않다. 만약 이것이 가능하다면 언변이 뛰어난 변 호사들이 목사들 보다 더 설득력 있게 말 할 수도 있을 것이다. 하지 만 변호사들의 달변 역시 결코 설교가 될 수 없다. 다음과 같은 예를 들어보자. 어느 탤런트가 신부의 가운을 입고, 신부가 하는 것과 꼭 같이 성만찬을 집례 했다고 생각해 보자. 성만찬의 집례도 훈련을 하 면 할 수 있다. 그러나 탤런트가 TV에서 신부 흉내를 낸 것은 결코 예전으로서는 효력이 없다. 경우에 따라서는 탤런트가 신부보다도 더 잘 집례를 할 수도 있을 것이다. 하지만 탤런트의 행동은 연극일 뿐 이다. 조금 어색하게 집례를 하여도 신부가 한 것이 바로 예배이다. 성만찬 예전이 그러할진대, 어찌 설교라고 예외일 수 있다는 말인가? 설교도 당연히 예전이다. 그렇다면 그 설교의 경우에는 그 예전을 집 례 할 수 있는 사람들이 해야 한다. 그런데 장로에게는 그러한 권한 자체가 없다. 경우에 따라서는 장로가 예배의 사회를 하는 때도 있었 다. 하지만 이 역시 옳지 않다. 왜냐하면 장로는 예배의 집례를 위해 부르심을 받지 않았고, 예배의 집례를 위한 시험을 치르지도 않은 사

---

32) 더 구체적으로 말하면 건축물의 구조 때문이었다고 한다(이정숙, "목사는 누구인가?–칼빈의 목사직 이해 와 실천." 『한국교회사학회지』 23 (2008. 11):. 225).

람들이기 때문이다. 설령 그 장로가 신학박사일지라도 그러하다. 왜 냐하면 설교나 예배는 지식이나 경험 또는 언변의 문제가 아니라 직 책상의 권한이기 때문이다.

한국 교회에서는 예배 시간에 대부분 장로들이 기도를 한다. 물론 이 역시 바람직하지 않다. 왜냐하면 장로는 기도를 위해 부르심을 받 은 직책이 아니기 때문이다. 설령 장로의 언변이나 기도가 조리 있고, 청중들이 듣기에 좋다고 하더라도 장로는 기도를 위해 부름 받은 직 책이 아니다.[33] 그런데 오늘날 한국 장로파 교회의 공(公)예배에서는 대부분 장로들이 기도를 한다. 하지만 웨스트민스터 예배모범(1644) 에서는 공(公)예배 시간의 기도가 목사의 직무임을 분명하게 제시했 다.[34] 목사의 직무로 제시했을 뿐만 아니라 그 기도의 내용이 어떤 종류의 것이어야 하는지도 분명하게 밝혔다.[35] 즉 기도의 지침서라 고 할 수 있다. 물론 제2 스위스 신앙고백(1566)에는 '회중의 기도'가 나온다. 그러나 그 기도는 '장로'라는 직책에 한정되어 있지 않다. 그 냥 회중들 중 누군가 할 수 있도록 되어 있을 뿐이다. 하지만 그 회중 기도의 경우에는 기도를 짧게 하라고 강력하게 제시했다.[36] 그래서 전통 서구의 격률들과 비교할 때에 한국교회는 장로들의 권한이 비 대해 져 있음을 알 수 있다.

따라서 장로가 "목사는 내 아들 뻘이야!"라고 말한 것은 타당하지 않다. 아들 뻘 아니라 손자뻘이라 할지라도 목사는 직책상 충분한 권

---

33) 웨스트민스터 정치모범을 따르면 기도는 목사의 직무이다("The Form of Presbyterian Church-Government according to the Westminster Standards (1645)," "Pastors.").

34) Selected by Bard Thompson, *Liturgies of the Western Church* (New York: The William Collins and World Publishing Company, 1962), 358, 367.

35) Selected by Bard Thompson, *Liturgies of the Western Church*, 358-363.

36) Schaff, *The Creeds of Christendom*, 297.

한을 갖는다. 왜냐하면 목사는 나이나 자질이나 그 자신의 도덕성으로 인정받는 것이 아니라 직책으로 권리를 행사하기 때문이다.

우리나라의 법률을 따르면 젊은 나이에도 검사가 될 수 있다. 그러나 그 검사를 부를 때에는 '영감님'이라고 한다. 그렇게 부르는 이유는 그의 나이 때문이 아니라 그의 직책 때문이다.

07

고용인가 청빙인가?

　　　　　　　　　　　　예수교 장로회 통합 측의 헌법에서
는 '청빙'37)이라는 단어를 사용하였다. 하지만 예수교 장로회 통합
측의 헌법책에는 '청빙'이라는 말의 한자(漢字)표기를 하지 않음으로
써 그 뜻이 모호하다. 문맥상으로는 목사를 청(請)하는 절차를 뜻하는
듯하다. 이 단어를 전통의 격률에서 찾아보자면 아마도 '합법적 부르
심(lawful calling)'에 해당할 것 같다.

　그러나 '고용(雇傭)'이라는 말은 "보수를 주고 사람을 부리는 것"을
뜻한다. 그렇다면 '합법적 부르심'과 고용은 뜻이 다르다. '고용'이란
고용주가 고용인에게 월급이나 시(時)급 같은 것을 줌으로 일을 시키
는 것에 해당한다. 즉 윗사람이 아랫사람에게 일을 시키는 경우에도
쓸 수 있는 말이다. 하지만 목사의 경우에는 이에 해당하지 않는다.
그래서 '청빙'이라는 말과 '고용'이라는 말은 그 뜻이 다르다. 그렇다면

---

37) 필자는 이 단어를 국어사전에서도 찾지 못했다.

전통의 격률에서는 목사의 청빙이 어떻게 이루어 졌을까? 웨스트민스터 정치모범(1645)에서는 이 절차에 대해 상세하게 기록해 두었다. 아래는 '캘거리 개혁신앙연구회(CKRIRF)'에서 번역하여 올려놓은 웨스트민스터 정치모범의 자료 중 목사의 청빙에 해당하는 자료이다:[38]

목사 안수의 교리적 부분에 대하여
1. 합법적으로 부르심을 받지 않고는 누구도 스스로 목사가 될 수 없다.
2. 목사 안수는 언제나 교회에서 계속 시행해야 한다.
3. 목사 안수는 교회의 공적 직분을 위하여 사람을 따로 떼어 구별하는 것이다.
4. 말씀의 봉사자마다 기도와 금식으로 손을 얹어 안수를 받을 때 안수 할 사람은 노회원이다.
5. 목사 안수의 전체적인 일을 규제하는 권한은 노회 전체에 있다. 노회가 한 교회 이상일 때는 그 교회들이 제직이나 교인들 문제에 있어서 고정이 되었든지 안 되었든지 안수하는 조건에는 무관하다.
6. 안수 받고 목사가 될 사람은 어떤 개 교회나 다른 성역에 봉직하도록 계획을 세우는 것이 말씀에 일치하고 대단히 편리한 것이다.
7. 안수 받고 목사가 될 사람은 반드시 자격이 있어야 되는데 사도들의 규칙에 따라서 생활과 성령의 능력이 있어야 한다.
8. 그는 안수할 안수 위원들에 의하여 시험을 치고 승인을 받아야 한다.
9. 한 교회라도 그 개 교회 교인들이 안수를 반대하는 정당한 이유를 제시할 때는 그 사람은 목사로 안수 받을 수 없다.
10. 도시에서나 이웃 촌락간에 규범 있게 연합한 노회원들은 각각 저희의 구역 안에 있는 교회들을 위하여 목사 안수의 소관을 맡은 자들이다.

---

38) 이 자료는 'http://churchofdavid.com/xe/447'을 통하여 찾았다. 이 원문을 확인하려면 "The Form of Presbyterian Church-Government according to the Westminster Standards (1645),"의 "Concerning the Doctrinal Part of Ordination of Ministers,", "The Directory for the Ordination of Ministers,", "The Rules for Examination are these:"를 참고하면 된다.

11. 특별한 경우에 특수한 일을 해도 되지만 안정된 질서가 설때까지는 그것은 가능한 한 규칙에 가까이 준해서 할 것이다.
12. 지금은 현재 목사들을 공급하기 위하여 목사 안수에 있어서 특수 방법을 사용해야 하는 경우이다.

목사 안수 규칙서
합법적으로 부르심을 받고 안수 받을 때까지는 누구도 복음의 봉사자의 직분을 스스로 취할 수 없다는 것이 하나님의 말씀에 분명히 나타났으므로 목사 안수의 일은 필요한 모든 조심과 지혜와 진실함과 엄숙함을 가지고 수행할 것이니 우리는 반드시 지켜야 할 것으로 이 규칙을 겸손히 제출한다.

1. 안수 받을 자는 교인들로 말미암아 지명을 받았든지 혹은 어떤 자리를 위하여 노회의 추천을 받았든지, 반드시 노회에 자신이 청원을 하고 세 왕국[39]의 계약을 수락하는 증거를 가지고 오고 그의 공부에 있어서 부지런함과 능란함과 대학에서 무슨 학위를 했으며 얼마나 수련했으며 연령은 몇 세이며(24세이상) 특별히 그의 생활과 교제에 관한 증거를 가지고 와야 한다.
2. 이 모든 것을 노회가 고려한 후에, 노회원들은 그 안에서 일어난 하나님의 은혜에 관하여 문의하며, 복음의 봉사자로서 필요한 생활의 성화가 이루어졌는지를 검토하고, 그의 학문과 능력을 검토하며, 거룩한 성역에 부르심을 받은 증거에 관하여, 또한 특별히 그 자리에 그가 공평 무사한 부르심을 받았는가의 여부를 시험한다.

시험하는 규칙은 다음과 같다.
1) 시험받을 자를 형제의 예로 다루되, 온유한 심령과 그 사람의 진실성과 겸손과 우수성에 특별히 유의하여야 할 것이다.
2) 그는 원어를 다루는 기술에 관하여 시험을 받을 것이다. 시험은 히브리어와 헬라어 성경을 읽음으로 치고, 그 어느 부분을 라틴어로 번역하게 하는데 만일 그가 그 점에서 결함이 드러나면 다른 공부도 철저히 살피고 특별히 그가 논리학과 철학을 습득했는가 검토할 것이다.
3) 신학 서적 중에 누구의 것을 그가 읽었으며, 어느 것을 통달했는

---

39) 잉글랜드, 스코틀랜드, 아일랜드.

지, 또 종교의 기초에 관하여 시험 치고, 그가 거기에 포함된 정통 교리를 불건전하고 잘못된 의견들 중에도 특별히 현대의 것을 대적하여 잘 변호할 능력이 있는가, 그에게 내어준 성경 부분을 양심의 경우와 성경의 연대와 교회사적 면에서 잘 해석하는가를 검토한다.

4) 만일 전에 공적 설교를 하여 시험관의 승인을 얻은 적이 없으면 그는 그에게 배정된 시간에 노회 앞에서 자기에게 주어진 성경 부분을 강해 해야 한다.

5) 그는 또한 요구하는 시간 안에 라틴어로 신학에 관한 문장이나 논쟁에 관한 논문을 배정 받은 대로 작성하여 그 논문의 요약을 노회에 제출하고 자기 주장을 논쟁한다.

6) 설교를 해야 하되 노회 앞에서나 임명받은 목사들이 임석한 앞에서 해야 한다.

7) 부름 받은 위치와 그의 은사의 균형을 심사 받아야 한다.

8) 설교의 은사를 시험하는 것말고도 제 2항에 있어서 수일간 혹은 시험관들이 필요하다고 생각되는 대로 더 여러 날 시험을 쳐야 한다.

9) 전에 목사로 안수 받았다가 다른 임지로 전근하는 목사에 대해서는 안수증과 능력과 교제 증명서를 가지고 오게 하고 거기서 설교함으로 적임자인가의 여부를 시험할 것이며 필요하다고 판단되면 더 시험할 수 있다.

3. 이 모든 데서 승인을 받으면 섬길 교회로 파송될 것이요 거기에서 그는 여러 번 설교를 하고 교인들과 사귀며, 저희는 저희 건덕을 위하여 그의 은사를 시험해 보고 그의 생활과 교제 범위에 대하여 물어도 보고 더 잘 알게 될 시간을 가진다.

4. 설교에 있어서 그의 은사를 시험하기로 정해진 마지막 3일 동안에 노회에서는 그 교회에 서면으로 공적 통치서를 보낼 것이요 이것을 회중 앞에서 읽고 나중에는 교회 문에 붙일 것이요 이로써 어느 날 교인들 가운데서 지명 받은 사람들이 노회에 출두하여 그를 저희의 목사로 동의 찬성하는 것을 표할 것이요 아니면 모든 그리스도인의 분별과 온유함을 가지고 반대할 조건을 제시할 것이다. 그리고 정한 날에 반대할 만한 정당한 조건이 없으면 교인들은 찬성할 것이요 노회는 안수를 진행할 것이다.

5. 안수 받기로 정한 날에 섬길 교회에서 안수식을 거행하되 온 교회가 엄숙히 금식할 것이요 그리하여 그리스도의 규례에 큰 축

복을 받도록 열심히 함께 기도할 것이요 저희의 유익을 위하여 하는 그리스도의 종의 수고에 복이 내리도록 기도할 것이다. 노회는 그 장소에 올 것이요 적어도 서너 사람의 노회원이 노회의 파송을 받아 가서, 한 사람은 임명받은 대로 그리스도의 종의 직분과 의무에 대하여 또한 목사를 영접하는 교인의 도리에 대하여 설교할 것이다.

6. 설교 후에 설교한 목사는 회중 앞에서 안수 받을 이에게 요구하되 예수 그리스도에 대한 그의 믿음과 개혁교회의 진리에 대한 확신에 대하여 성경대로 요구하고 이 소명에 임하는 그의 진지한 의도와 목적, 기도에 부지런함과 읽는 것과 묵상하는 것, 설교하는 것, 성례의 집행, 훈계와 맡은 바 양떼를 위한 모든 목회 의무와 복음의 진리 수호와 모든 오류와 분리를 대적하고 교리의 동일을 위하는 그의 열심과 성실을 요구하고, 그와 그이[의] 가족이 책망할 것이 없을 것과 그의 형제들의 권면과 교회의 훈계에 자신을 복종할 일과 모든 고난과 핍박을 대항해서 자기 의무를 끝까지 계속할 것을 요구한다. (렘23:2) 그러므로 이스라엘 하나님 나 여호와가 내 백성을 기르는 목자에게 이같이 말하노라 너희가 내 양무리를 흩으며 그것을 몰아내고 돌아보지 아니하였도다 보라 내가 너희의 악행을 인하여 너희에게 보응하리라 여호와의 말이니라

7. 이 모든 것에 대하여 대답한 후 하나님의 도우심으로 기꺼이 힘써 노력할 것을 약속하면, 주례 목사는 또한 교인들에게 그를 그리스도의 종으로 알아 기꺼이 받고, 주 안에서 저희를 다스리는 자로 그에게 순종하고 복종하며 그의 직분의 모든 부분에서 도우며, 지지하며 격려할 것을 요구한다.

8. 교인과 노회와 혹은 안수를 위하여 파송받은 목사들이 이것을 상호 약속한 후에 그에게 손을 얹음으로 저를 목사의 직분과 일을 위하여 구별한다. 그리고 안수할 때 다음과 같은 요지로 간단한 기도와 축복을 할 것이다.

그 백성을 구원하시기 위하여 예수 그리스도를 보내 주신 하나님의 크신 긍휼을 감사하고 또한 승천 하사 하나님 우편에 앉아 계시면서 저리로서 그의 성령을 쏟아 부어 주시고, 사람들에게 선물과 사도와 복음 전하는 자와 선지자와 목사와 교사40)를 주사 그의 교

---

40) 여기서 말하는 '교사'를 주일학교의 교사로 이해한다면 착각이다. 전통의 규례에 있어서 말하는 '교사'란

회를 모아 세우시고 이 사람을 그 위대한 일에 적합하게 하시고 일하고자 하는 소원을 주신 것을 감사하고 성령으로 도우사 그 일에 적합하게 하시고 그에게 그의 이름으로 우리는 이와 같이 거룩한 일에 0 0 0이 사람이 구별하옵나니 모든 일에 그의 성역을 완성하게 하시며, 자기도 구원받고 자기에게 맡겨진 사람들도 구원받게 하도록 하옵소서

그리고 그의 머리에 안수할 것이다.

9. 이와 같은 내용의 기도와 축복이 끝나면 설교한 목사가 간단히 그를 권면하되 그 직분과 사명의 위대함을 생각나게 하고 게을리 하면 자기와 자기 백성에게 닥칠 위험과 성실하면 이 세상과 오는 세상에서 받을 축복을 생각하게 하고 교인들을 권면하여 저를 주 안에서 저희의 목사로 받아 전에 엄숙히 한 약속대로 그 앞에서 행동하도록 권면할 것이다. 그리고나서 그와 그 양떼를 하나님의 은혜에 부탁하는 기도를 하고 시편 찬송을 부른 후에 축도로 회중을 해산시킨다.

10. 만일 영국 교회의 안수 형식을 따라 전에 이미 안수 받은 노회원이 교회에 부임할 때는 그의 안수는 본질상 유효하며 누구도 자기 안수 받은 것을 포기할 수 없으므로 시험할 때는 조심 있게 하고 새로 안수하지 말고 입회하게 할 것이다.

11. 스코틀랜드나 다른 개혁 교회에서 이미 안수 받은 목사가 영국에 있는 교회로 부임할 때는 그 교회에서 부임할 교회가 있는 현지 노회로 안수증과 그의 생활과 거기 사는 동안의 교제에 대한 증명과 이동 사유서를 가지고 올 것이며, 그의 적성과 능력에 대한 시험을 치고 시험과 입회에 관하여 바로 전에 기재한 법칙에 따라서 다른 부분에서도 같은 수속을 밟을 것이다.

12. 노회마다 목사의 이름과 증명서와 안수 받은 때와 장소, 안수한 노회원, 임명받은 교회명에 대한 기록을 잘 간수할 것이다.

13. 안수 받은 사람들에게서나 혹은 그를 대신하여 안수를 위하여나 또는 거기에 관련된 무슨 일로라도 노회원이나 그에게 속한 사람은 돈이나 선물 또는 기타의 것을 아무 구실로라도 받을 수 없다.

'박사'를 의미한다. 즉 신학 교수를 뜻한다. 제2 스코틀랜드 치리서(1578)에서는 목사와 신학 교수를 모두 '장로'로 이해하기도 했다. 그러나 목사와 신학 교수는 회중의 선출에 의해 부름을 받은 장로(일명 치리만 하는 장로)와는 직책상 중요한 차이가 있다.

웨스트민스터 정치모범(1645)은 브리타니아의 칼빈주의 교회가 공동으로 승인한 헌법이다. 이 규례는 브리타니아 칼빈주의 교회들의 공적(公的)법령으로서 결정적 효력을 가진다. 그렇다면 이 법령이 주장하는 목사의 임직과정에 대해 생각해 보자.

17세기 당시 브리타니아의 상황을 고려한다면 문맹률이 오늘날과는 비교할 수 없을 정도로 높았을 것이다. 그런 시대에 이와 같은 목사고시를 치렀다면 이는 그야말로 고시 수준이다. 히브리어, 헬라어, 라틴어에 능숙해야 했으며, 라틴어로 논술문을 쓸 수 있을 정도의 수준이었어야 했다. 목사 고시자는 성경을 주석하고, 그것을 설교문으로 만들 수 있는 능력이 있었어야 했다. 물론 그 심사는 간단하지 않고, 엄정하게 치러졌다. 그렇다면 우리가 놓치기 쉬운 몇 가지를 감안해 보자.

첫째, 그 당시에는 신학대학을 졸업했기 때문에 목사가 되는 것이 아니라 목사고시에 합격을 하여야 목사가 될 수 있었다. 즉 대학교에서의 전공이 반드시 '신학'이어야 한다는 전제가 없다.[41] 물론 오늘날에도 목사고시에 합격하여야 목사가 될 수 있다. 그러나 오늘날에는 통상 신학대학원(M. Div.)을 졸업한 사람들의 합격률이 높다. 하지만 17세기 브리타니아에서는 신학대학원을 통하여 목사를 배출한 것이 아니었다. 좀 더 구체적으로 말하면 신학대학원이나 신학대학을 나온 것과 목사고시에 합격하는 것은 별 개의 문제였다. 물론 그 당시에도 대학에서 신학을 전공한 사람이 좀 더 많은 지식을 가졌을 가능성은 있다. 그러나 그게 결정적이지는 않았다. 한 예를 들면 16세기

---

41) "what degrees he hath taken in the university,"("The Form of Presbyterian Church-Government according to the Westminster Standards (1645)," "The Directory for the Ordination of Ministers,").

칼빈의 경우만 하더라도 그는 신학대학 출신이 아니었다. 즉 칼빈은 법과대학(法科大學)출신의 목사였다. 물론 칼빈은 신학공부를 많이 한 사람이다. 그럼에도 불구하고 칼빈은 신학대학 출신이 아니라 법대(法大)출신이었다. 그래서 좀 더 엄격하게 한 번 더 강조해서 말한다면 대학에서 신학을 전공했기 때문에 목사가 되는 것이 아니라 목사고시에 합격하여야 목사가 된 것이었다. 그래서 17세기의 제도와 오늘날 한국의 제도와는 차이가 있다.

둘째, 웨스트민스터 정치모범을 따르면 목사고시의 과정 자체가 목사임직의 과정이었다. 즉 그 당시에는 목사가 되는 일이 아주 어려웠던 셈이었다. 그만큼 목사고시의 과정 자체가 신중하였다. 그러나 한번 목사가 되고 나면 그 목사는 교회에서 강한 권한을 가진다. 그래서 목사고시를 신중하게 할 수밖에 없었던 것이었다. 그럼에도 불구하고 일단 목사가 되고나면 교인들은 그 목사의 예전 집례를 따르고, 그 목사의 치리에 순종해야 했다. 다시 말하면 교회에서 자신들을 다스릴 통치자를 모시는 일이었다. 이는 결코 고용의 형태가 아니었다. 이를 세상의 그 어떤 제도와 비교해서 설명해 본다면, 우리가 대통령을 뽑을 때에는 신중하게 생각하고 선거에 임한다. 그러나 그 어떤 사람이 대통령이 되고 나면 그의 통치를 따라야 한다. 그 대통령은 상당한 권리를 행사할 수 있다. 마찬가지로 우리는 선거를 통해 시장을 뽑을 수 있다. 우리가 그 어떤 사람을 시장으로 모신다는 것은 그가 행할 행정적 통치를 인정하고 그의 통치를 받아들이겠다는 계약 같은 것이다. 그래서 17세기 당시에 그 어떤 사람을 자신들의 목사님으로 받아들인 다는 말은 그 분의 집례와 그 분의 통치에 순종하겠다는 일종의 서약이었다. 그랬기 때문에 그만큼 목사고시와 임직의 과정이 까

다로울 수밖에 없었던 것으로 보인다. 그 당시에는 그 어떤 사람이 목사로 임직하고 나면, 그의 이동조차도 쉽지 않았다. 만일 그 당시에 목사가 임지를 옮겨 타 노회로 가려 했다면 그는 또 다시 시험을 치러야 했다. 물론 시험을 치르는 과목에 있어서는 처음에 목사고시를 칠 때와는 달리 했겠지만 그럼에도 불구하고 타 노회에서는 임지를 옮겨오는 사람을 그대로 목사로 받아들이지는 않았다. 이는 목사의 이동이 쉽지 않았음을 뜻한다. 규례를 따른다면 한 노회 안에서는 목사의 이동이 가능했을 지 몰라도 노회 간 이동은 쉽지 않았다.

그랬다면 과연 17세기 당시에는 오늘날 한국교회와 같이 교인들이 목사를 마음대로 내보낼 수 있었을까? 어림도 없다. 목사는 교인들의 통치자였다. 뿐만 아니라 목사는 부르심 자체가 합법적이었다. 물론 그 당시에는 임시목사라는 제도 자체가 없었다. 그 당시의 모든 목사들은 위임목사에 해당한다. 그가 부목사처럼 일했던, 음악에 재능이 있어 음악목사처럼 일했던 아니면 행정에 재능이 있어 행정적 달란트를 활용했던 간에 그 당시의 모든 목사들은 임시목사가 아니라 위임목사와 같은 사람들이었다. 즉 그 당시에는 위임목사나 임시목사나 부목사라는 구분 자체가 없었다. 즉 그냥 목사일 뿐이었다. 다만 그 당시에는 목사 개인의 재능이나 은사를 감안하여 직책을 맡음에 있어서, 역할상의 구별은 할 수 있었다. 그러나 이것을 목사들의 계급으로 이해했다면 그것은 큰 착각이다.

그렇다면 한국에서 종종 회자되는 목사를 내보내는 문제에 대해 생각해 보자. 이에 대해서는 제2 스코틀랜드 치리서(1578)와 비교할 수 있다. 제2 스코틀랜드 치리서의 4장 4조에서는 다음과 같이 말했다:

목사들은 하나님으로부터 한번 부르심을 받아야 한다. 그리고 또한 사람으로부터도 합법적으로 부르심을 받아야 한다. 그 이후 목사들은 목양의 직책을 받아들인다. **한번 합법적으로 부르심을 받으면 그들(목사들)의 직무는 떠날 수 없다.** (그럼에도 불구하고 목사가 된 이후에도, 자기 마음대로) 그 직책을 떠나고자 할 때에는 견책을 받아야 한다; 견책을 했는데도 불구하고 계속 고집을 부릴 경우에는 마침내 출교된다.[42]

그렇다면 한번 목사의 직책을 받아들인 이후에는 목사가 괴로워도 자신의 의지대로는 할 수 없었음을 뜻하는 것이 된다. 그것이 계약의 조건이었다. 즉 목사의 마음대로는 사임조차도 할 수 없었던 그 엄격한 격률이었다. 그런데 어떻게 교인들이 감히 목사를 함부로 내 보낼 수 있었겠는가? 이 조항대로 한다면, 목사와 교인들이 갈등을 일으켰을 시에는 통상 교인들이 책벌을 받거나 교인들이 교회에서 출교되었을 가능성이 훨씬 더 컸다고 보는 것이 옳다. 실지로 칼빈시대의 경우에는 목사에게 고집을 부리거나 불순종하여 출교된 사례들이 있다.[43]

셋째, 청빙의 절차이다. 웨스트민스터 정치모범을 감안한다면, '청빙'이라는 말 보다는 '합법적 부르심'이나 입회(ordination)로 이해하는 것이 더 좋겠다. 오늘날 한국에서는 개 교회가 모셔올 목사를 결정한다. 그러나 17세기 브리타니아에서는 달랐다. 그 당시에는 노회에서 목사 될 사람을 어느 교회로 보낼 것인지를 결정하였다.[44] 즉 개 교회가 목사를 모셔가는 것이 아니라 노회의 고시위원들이 개 교회로 어느 목사를 보낼 것인지를 결정하였다. 다만 개 교회에서는 노

---

42) Andrew Melville, "The Second Book of Discipline (1578)," Chapter 4 : 4.

43) 이정숙, "출교에 관한 존 칼빈의 신학과 제네바 컨시스토리의 활동," 『최근의 칼빈연구』 한국칼빈학회 엮음, (서울: 대한기독교서회, 2001), 316, 328.

44) "he is to be sent to the church"("The Form of Presbyterian Church-Government according to the Westminster Standards (1645)," "The Rules for Examination are these:").

회에서 파송한 목사님을 받아들일 것인지, 거절 할 것인지를 결정할 수 있었다. 그래서 그 당시에는 노회가 개 교회들의 사정을 충분하게 파악하고 있었다는 뜻이 된다. 즉 어느 교회에, 어떤 목사를 파송하는 것이 적절할지를 노회가 감안하고 있었다는 뜻이다. 즉 노회가 가진 힘이 오늘날 대한예수교 장로회의 통합 측의 사태와는 달랐다는 뜻이다.

그렇다면 그 당시에는 과연 개 교회가 목사를 거절하는 사례들이 있었을까? 여기서 우리는 이정숙 박사의 말을 주목할 필요가 있다.

> 회중들이 그의 설교에 기뻐하면 그는 그 교회의 목사가 되는 것이다. 형식적으로 회중에게 거부권(veto)이 있었지만 실제로 사용된 경우는 없었다고 한다. 결국 후보 심사의 일차 관문, 즉 목사회의 심사가 가장 어려웠기에 이 심사를 통과한 후 그 다음 과정을 통과하지 못하는 사례는 없었다는 것이다.[45]

이 말은 칼빈시대의 목사임직의 과정에 대해 설명한 것인데, 17세기 브리타니아에서도 이와 유사한 행태였을 것으로 추측한다. 왜냐하면 웨스트민스터 정치모범에서 제시한 목사고시의 제도 자체가 워낙 어려운데다 그 정도의 심사를 통과할 실력이라면 아마도 교회의 회중도 기꺼이 받아들였을 것 같다. 그래서 그 당시에는 목사고시 자체가 매우 어려웠음을 알 수 있다. 그 목사 고시에서는 응시자의 지적인 면, 인격적인 면, 공정한 판단력을 가졌는지, 그의 은사 적 특징은 무엇인지 등 여러 가지 면에서 충분하게 심사하였던 것 같았다.

그러나 내한(來韓) 선교사 곽안련은 이러한 웨스트민스터 정치모범

---

45) 이정숙, "목사는 누구인가?-칼빈의 목사직 이해와 실천." 『한국교회사학회지』 23 (2008. 11): 225-226.

을 '조선예수교 장로회'의 헌법에 수록하지 않았다. 아니, 수록할 수 없었다는 표현이 더 정확할지도 모르겠다. 왜냐하면 그 당시 한국의 사정은 이러한 웨스트민스터 정치모범을 시행할 만한 수준이 아니었을 것이기 때문이다.

그렇다면 오늘날의 한국교회에서는 웨스트민스터 정치모범에서 주장하는 바와 같은 방식의 목사고시제도를 할 수 있을까? 필자의 생각으로 만약 그렇게 하려면 고시는 2원화 되어야 할 것 같다. 그 이유는 이 정도의 시험을 치를 시, 각 노회에서는 그 시험을 심사할 심사위원들의 구성이 어려울 것이기 때문이다. 그래서 일차 관문인 원어 시험이나 논술 시험과 같은 지식의 시험은 총회 차원에서 치러야 가능 할 것 같다. 물론 총회 고시부에서는 지식이나 신학적 능력을 평가하는 각종 시험 및 설교 시험, 그리고 은사의 특징 등을 고려해서 심사해야 한다. 총회에서 고시에 합격한 사람들은 본인이 희망하는 노회들로 보내어져야 할 텐데, 그 때부터 노회에서 2차 시험을 치러야 할 것이다. 즉 노회 고시부에서는 일차심사에 합격한 사람들을 받아 깊이 면담한 후에 어느 교회로 파송하여야 할 것인지를 결정해야 한다. 그런 후에 웨스트민스터 정치모범에서 주장한 과정과 꼭 같이 개 교회에서 생활하면서 교인들에게 신임을 얻어야 한다. 개 교회의 회중이 노회에서 파송한 고시 응시자를 받아들이기로 결정하면 노회에서는 개 교회로 가서 임직식을 거행하면 된다. 물론 그 임직식의 날은 법령에서 명시한대로 금식일이다. 안수 받게 될 목사후보자, 그리고 그 목사를 받아들이기로 한 교회의 전 회중은 하루 동안 금식해야 한다.

오늘날 예수교 장로회의 통합 측에서는 하루 만에 시험을 치르고

마는데 웨스트민스터 정치모범대로 한다면 이는 어림도 없는 얘기다. 또 예수교 장로회 통합 측에서는 목사고시에 응시하는 수험자들이 매우 많다. 이 역시 바람직하지 않다. 그 정도로 많은 사람들을 일일이 심사하려면 비용이 많이 드는데다가 제대로 된 심사를 할 수 없게된다. 김진홍 목사는 다음과 같이 말했다:

> 국민들이 볼 때 목사님들이 신부님들에 비하여 자질이 떨어진다는 것입니다. 91년도에 전 캐톨릭 교회가 신부 서품을 준 것이 75명인가 57명인가 그렇습니다. 매우 엄격하게 심사하여 서품을 주는 것입니다. 그에 비하면 개신교의 경우 작년 연말로 신학교 수가 318개에 달하고, 1년에 14,000명 이상이 목사가 되겠다고 쏟아져 나옵니다. 그 중에서 기본 수준을 갖춘 신학교가 얼마나 됩니까? 사회적으로 경쟁을 하면 형편없이 뒤쳐지는 사람이 당회장이라 하여 고급 승용차나 타고 다닌다면 문제가 아니겠습니까? 개신교에 영혼을 맡기기에는 지도자들의 수준이 너무나 뒤떨어진다는 것입니다.[46]

위의 말은 타당하다. 웨스트민스터 정치모범을 따라도 이 말은 정당하다. 따라서 한국 장로파 교회에서는 웨스트민스터 정치모범의 정신을 따라 목사임직의 과정에 대해 심각하게 고려해야 할 것이다. 즉 목사 되는 과정을 엄격하게 하고, 대신 그 목사들은 충분하고도 정당하게 대우받을 수 있도록 제도적으로 개선됨이 마땅하다. 원래 브리타니아나 스위스에서도 그랬기 때문이다. 즉 자질 없는 목사들을 무작정 세워 푸대접 받게 할 것이 아니라 웨스트민스터 정치모범에서 제시한 대로 엄정하게 심사하여 제대로 목사대접을 받게 함이 마땅하다고 생각한다. 현 한국교회의 실태로는 교회의 크기나 재력에 따

---

46) 김진홍, "신앙과 사회운동." 『구원과 종말 1992』 (1993. 6): 97.

라 목사의 사례비가 결정된다. 하지만 이는 바람직하지 않다. 교회의 크기와 관계없이 목사들의 연봉이나 처우는 통일적이어야 하고, 일관성이 있어야 한다. 왜냐하면 제2 스코틀랜드 치리서에서는 목사들을 계급화 하지 않았기 때문이다. 만일 목사들의 사례가 차이가 난다면 그것은 호봉에 따른 차이여야 하지, 교회의 크기에 따른 차이가 되어서는 안 된다.

웨스트민스터 정치모범에서 제시된 목사고시의 과정을 보면 그 수준이 오늘날 한국의 사법고시나 행정고시에 견주어 질 만하므로, 목사들에게도 그 정도 수준에 어울리는 처우를 함이 마땅하다. 만약 돈으로 그 정도의 혜택을 줄 수 없다면 인격적 존경심이나 명예 또는 권위에 있어서라도 그런 수준의 존경을 받음이 마땅하다. 즉 제대로 세워서 정당하게 대우해야 한다는 뜻이다.

08

부목사는 괄시해도 되는가?

　　　　　　　　　　　○○노회의 K교회는 부교역자들이
사례비를 받지 못하는 사례가 빈번했다. ○○노회의 Z교회는 "부교
역자들의 무덤"이라고 한다. Z교회의 모 권사는 말하기를 "이 교회에
서 일 년도 채우지 못 하고 쫓겨난 부교역자들이 얼마나 많은 데요!"
라고 했다. 쉽게 말해 부교역자들이 상식이하의 처우를 받는 곳들이
있다는 뜻이다.

　그러나 반대의 경우도 있다. ○○노회의 K교회에서는 부교역자가
당회장 목사를 몰아내는데 앞장섰다. ○○노회의 S교회는 첫 부목사
때문에 당회장이 골치였다. 즉 교인들의 마음이 적지 않게 부목사에
게로 쏠리면서 당회장은 위기의식을 가지게 되었다. 그래서 어쩔 수
없이 그 부목사를 내 보내게 되는 데 그 과정에서 일부의 교인들이
당회장을 향하여 반기를 들었고, 그 문제가 수습되는 데에는 약 6개
월이 걸렸다.

그래서 한국 장로파 교회들에서는 당회장 목사와 부 목사와의 사이가 좋지 않았던 사례들이 제법 많이 있다. 그 뿐만이 아니다. 어떤 교회들에서는 부교역자들끼리도 사이가 좋지 않다. 더욱 놀라운 것은 다음과 같은 말이 실지로 쓰인다는 점이었다: "수석(首席) 부목사" 그렇다면 부교역자들 사이에도 서열이 있다는 말 아닌가? 부 교역자라고 푸대접 받는 것도 서러운데, 그 중에도 '수석'이라니? 이것은 도대체 어디에 근거한 법인가? 그러나 관습적으로는 이런 말이 통용되기도 하는 모양이다.

천주교에서는 실지로 성직자들의 계급(hierarchy)이 존재한다. 즉 천주교에서는 성직자들의 계급을 합법화 했다. 하지만 개혁교회의 전통에서는 계급적 성직체계야 말로 적그리스도의 행태라고 주장한다.[47] 제2 스위스 신앙고백(1566)에서는 다음과 같이 말했다:

> 교회 안에 있는 모든 교역자들은 동일하고 동등한 권한 혹은 기능을 부여받았다.[48]

> 어느 특정 개인들에게 집착하는 것은 마귀의 짓이다.[49]

그렇다면 개혁교회의 전통에서는 교역자들의 서열화를 아주 강하게 반대한 것이다. 하지만 초기 조선예수교 장로회의 헌법은 어딘가

---

47) "Therefore all the ambitious titles invented in the kingdom of Antichrist, and in his usurped hierarchy, which are not of one of these four sorts, together with the offices depending thereupon, in one word, ought to be rejected."(Andrew Melville, "The Second Book of Discipline (1578)," Chapter 2:8; Edited by David W. Hall and Joseph H. Hall, *Paradigms in Polity*: Classic Readings in Reformed and Presbyterian Church Government, (Grand Rapids: Wm. B. Eerdmans Publishing Company, 1994), 237).

48) C. Philip Schaff, *The Creeds of Christendom*, vol. 3 (Michigan: Baker Books, 1931), 283; 이형기, 『세계개혁교회의 신앙고백서』 (서울: 한국장로교출판사, 1991), 187.

49) C. Philip Schaff, *The Creeds of Christendom*, vol. 3 (Michigan: Baker Books, 1931), 283; 이형기, 『세계개혁교회의 신앙고백서』 (서울: 한국장로교출판사, 1991), 188.

모르게 서구 개혁교회의 전통과는 다른 인상을 준다. 내한(來韓)선교사 곽안련의 자료를 따르면 다음과 같다:

一. 젼임목ᄉ(傳任牧師) 이(此)는 위임(委任)을 밧아 지교회사무(支教會事務)를 독담(獨擔)ᄒᆞ는쟈(者) 二. 동ᄉ목ᄉ(同事牧師) 이(此)는 션교ᄉ(宣教師)와 ᄀᆞ치 교회일(教會事)를 맛흔쟈(者) 一. 위임동ᄉ목ᄉ(委任同事牧師) 위임(委任)을 밧고 션교ᄉ(宣教師)와 ᄀᆞ치 교회일(教會事)를 맛흔쟈(者) 二. 림시동ᄉ목ᄉ(臨時同事牧師) 이(此)는 위임(委任)을 밧지아니ᄒᆞ고 션교ᄉ(宣教師)와 ᄀᆞ치 교회일(教會事)를 맛흔쟈(者) 三. 림시목ᄉ(臨時牧師) 이(此)는 위임(委任)을 밧지아니ᄒᆞ고 림시(臨時)로 지교회일(支教會事)를 맛흔쟈(者) 四. 무임목ᄉ(無任牧師) 이(此)는 명칭(名稱)만잇고 로회(老會)에셔 ᄉ무(事務)를 밧지못흔쟈(者) 五. 피퇵목ᄉ(被擇牧師) 이(此)는 교회(教會)의 쳥빙(請聘)은 밧고 아즉 시무(視務)치 안는쟈(者) 六. 이명목ᄉ(移名牧師) 이(此)는 본로회(本老會)의 이명(移名)을 밧고 다른 로회(他老會)에 아즉 록명(錄名)치 아닌쟈(者) 七. 젼도목ᄉ(傳道牧師) 이(此)는 교회셔지아닌디방(教會不立地方)에 젼도(傳道)하고 교회(教會)를 셜립(設立)ᄒᆞ는쟈(者) 八. 션교사(宣教師)(중략) 九. 디방목ᄉ(地方牧師) 이(此)는 수다(數多)흔 지교회디방(支教會地方)에셔 림시시무(臨時視務) ᄒᆞ는쟈(者) 十. 양로목ᄉ(養老牧師) 이(此)는 지교회(支教會)에셔 시무(視務)하다가 로혼(老昏)이나 질병(疾病)으로 인(因)ᄒᆞ야 ᄉ면(辭免)ᄒᆞ거든 본지교회(本支教會)가 그공로(基功勞)를 인(因)ᄒᆞ야 은양(恩養) ᄒᆞ는쟈(者) 十一. 퇴로목ᄉ(退老牧師) 이(此)는 양로목ᄉ(養老牧師)와 ᄀᆞ(同一)흔 형세(形勢)로 로회(老會)에 쳥원(請願)ᄒᆞ고 ᄉ직(辭職)흔쟈(者) 十一. 부목ᄉ(副牧師) (류안)(留案)[50]

칼빈시대의 격률에서부터 웨스트민스터 정치모범에 이르기까지 목사의 종류가 이토록 많은 경우는 전무(全無)하다. 웨스트민스터 정치모범에서는 한 가지 종류의 목사 밖에 없다. 즉 그냥 목사일 뿐이

---

50) 郭安連, 『教會史典彙集 (一九一八年 刊)』(京城: 朝鮮福音印刷所, 一九一八), 八七-八八.

다.51) 그러나 오늘날 한국 장로파 교회의 헌법은 초기 죠션예수교쟝
로회의 헌법을 받아들여 각 교파마다 개정된 것으로 여겨진다. 대한
예수교장로회 통합 측이나 합동 측의 헌법들을 보아도 목사들의 명
칭이 다양하다.52) 다양할 뿐만 아니라 그 명칭에 따라 권한상의 차이
도 있다.53) 그렇다면 이는 목사들의 서열화를 법적으로 인정한 것이
나 마찬가지이다. 그러나 목사들의 서열화야 말로 제2 스코틀랜드 치
리서에서 결정적으로 반대한 것이었다.54)

그렇다면 오늘날 한국교회들의 사태들을 살펴보자. 전술한 바를
따르면 천주교에서는 성직자들의 계급을 합법화 해 두었다. 반면 한
국 장로파 교회는 그럼에도 불구하고 상대적으로는 교역자들의 계급
을 약화시킨 듯 보인다. 하지만 실정성에 있어서는 다르다. 이를테면
성직체계의 계급을 인정한 천주교에서는 한국 장로파 교회에서 일어
났던 그런 종류의 문제들이 발생되지 않았을 가능성이 더 크기 때문
이다. 또한 천주교에서는 실지로 계급을 인정함에도 불구하고 사제들
간의 사이가 그다지 나쁘지 않다고 들었다. 반면 개혁교회에서는 계
급을 철폐했는데도 불구하고 왜 천주교보다도 더 불합리하게 보일
까? 단지 초기 조선예수교 장로회의 헌법이 불합리했기 때문일까? 그

---

51) "The Form of Presbyterian Church-Government according to the Westminster Standards (1645)," "Concerning the Doctrinal Part of Ordination of Ministers."; Edited by David W. Hall and Joseph H. Hall, *Paradigms in Polity*: Classic Readings in Reformed and Presbyterian Church Government, (Grand Rapids: Wm. B. Eerdmans Publishing Company, 1994), 273-274.

52) 대한예수교장로회 총회, 『헌법(통합)』(서울: 한국장로교출판사, 2007), 176-177; 대한예수교장로회총회, 『헌법(합동)』(서울: 대한예수교장로회총회 출판부, 1993), 156-158.

53) 대한예수교장로회 통합 측 헌법에 의하면 위임목사가 없는 교회에서는 부목사를 청빙할 수 없다(대한예수교장로회 총회, 『헌법(통합)』, 177).

54) Andrew Melville, "The Second Book of Discipline (1578)," Chapter 2:8; Edited by David W. Hall and Joseph H. Hall, *Paradigms in Polity*: Classic Readings in Reformed and Presbyterian Church Government, (Grand Rapids: Wm. B. Eerdmans Publishing Company, 1994), 237.

렇지는 않은 것 같다. 필자가 알기로 한국 천주교에서는 직급이 높은 신부와 낮은 신부간의 갈등이 표면화 되어 있지 않다. 그렇다면 한국 장로파 교회는 실정성에 있어서 천주교 보다 더 불합리하게 보일 때도 있다. 그래서 이는 법적 당위성만의 문제는 아닌 듯 보인다. 물론 한국 장로파 교회들을 일괄적으로 일반화 할 수는 없지만 그러하다.

  한국 장로파 교회들에서 드러나는 불합리 가운데 한 가지는 예전의 집행에 대한 이해에 있다. 예를 들면 부 목사는 당회장 목사보다 설교를 더 못한다고 생각한다. 그러나 반대의 경우도 있다. 늙은 당회장 목사보다 젊은 부목사의 설교는 신선하다고 여긴다. 그런데 당회장의 설교나 부목사의 설교는 모두 예전으로서는 동일한 효력을 가진다. 하지만 한국교회에서는 그 예전의 효력에 대해 의문을 제기하는 모양이다. 이를테면 서울 모 교회에서는 어느 여인이 당회장을 찾아 와 세례를 다시 받겠다고 했다. 즉 전에 작은 교회에서 아이가 세례를 받았지만 큰 교회의 목사에게 세례를 다시 받고 싶다는 것이었다. 물론 그 세례는 다시 베풀어지지 않았지만 이게 일반적으로 겪는 오해 가운데 한 가지이다. 즉 목사 개인들의 능력에 따라 집례의 효력에 차이가 있다는 생각이다. 즉 당회장은 부목사보다 더 유능해야 한다든가, 부목사가 당회장 보다 설교를 더 잘하면 교회에서 쫓겨난다는 말 등은 모두 예전의 효력을 집례 자들의 자질이나 능력을 따라 이해한 것으로 볼 수 있다. **하지만 이는 실지로 성직자들의 계급을 합법화 한 천주교에서조차도 받아들일 수 없는 주장이다.** 즉 천주교에서는 직급이 낮은 신부가 성찬을 집례 했을 때에나 대주교와 같이 직급이 높은 사제가 집례 했을 때에도, 모두 빵은 그리스도의 몸이라고 주장하며 그렇게 믿는다. 즉 집례의 효력을 사제의 계급이나 사제

개인의 능력에 국한하지 않는다. 하지만 한국 장로파 교회에서는 '말씀의 예전(설교)'을 집례 자들의 능력에 따라 구분 짓는다. 그러나 이와 같은 행태는 교회사에 나타났던 이단55)의 전형 가운데 하나였다. 조기연 박사는 어거스틴의 말을 빌려 다음과 같이 말했다:

> 내가 판단하는 한 다음의 사실은 수정처럼 투명하다. 세례에서 고려되어야 할 것은 누가 그것을 주느냐(집례 하느냐) 하는 것이 아니라 무엇이 주어지느냐 하는 것이며, 그것을 받는 사람이 누구냐 하는 것이 아니라 무엇을 받느냐 하는 것이며, 누가 그것을 가지느냐 하는 것이 아니라 그가 무엇을 가지느냐 하는 것이다.56)

조기연 박사의 말을 더 들으면 다음과 같다:

> 은총은 집례자의 능력이나 도덕적 자질이 아니라, 그리스도에 의해 주어지는 것이기 때문이다. 목사의 성직은 본질적으로 그리스도로부터 나온다.(중략) 목사의 '언변'(설교능력)과 듣는 사람의 '감정의 여하'에 따라 예배와 은총이 결정된다는 생각은 기독교 신앙을 지극히 주관적인 것으로 만들 뿐만 아니라, 정당하게 집행된 성례전의 효능을 무효화 시키고, 오로지 '회중의 감정'을 가치척도의 최고 상위에 올려놓을 위험성이 있다.57)

그렇다면 한국교회는 어느 목사님이 누구 보다 "설교를 더 잘 하신다"라는 종류의 말들을 삼가야 한다. 왜냐하면 집례자의 언변이나 도덕성 혹은 자질 때문에 예전의 효력이 좌우되지는 않기 때문이다. 설교는 당연히 예전이기 때문이다.

---

55) 도나투스파.
56) 조기연, 『한국 교회와 예배 갱신』 (서울: 대한기독교서회, 2004), 128.
57) 조기연, 『한국 교회와 예배 갱신』, 128.

부목사가 집례를 해도 성만찬이며, 당회장 목사가 집례를 해도 성만찬이다. 그렇다면 설교도 마찬가지이다. 누가 어떻게 설교를 하느냐 보다는 무엇을 집례 하느냐에 있다. 그렇다면 조기연 박사의 말을 더 들어보자.

> 본질적인 질문을 한번 해보자. '설교 잘 하는 목사'가 인도하는 예배의 회중은 '은혜를 받고', '설교를 잘 못하는 목사'가 인도하는 예배의 회중은 '은혜를 받지 못하는가?' 그렇다면 주님께서는 '설교 잘 못하는 목사'가 인도하는 예배의 회중에게는 '은혜'를 주시지 않는단 말인가? 분명 그렇지는 않을 것이다. 주님께서는 예배에 모인 당신의 모든 백성에게 '은혜'를 주신다. 그런데 어떤 회중은 은혜를 받고, 어떤 회중은 은혜를 받지 못한다는 것은 무엇인가? 그리고 은혜의 여부가 순전히 목사에 의해 결정된다는 것은 과연 옳은 일인가? 결코 그럴 수 없다. '은혜'라는 것은 분명 주님께서 당신의 백성에게 주시는 것이기 때문에, '정상적인 예배'라면 모든 참여자가 공평하게 은혜를 받아야 한다. 주님께서 진정 원하는 것은 그것일 것이다.[58]

이 말에서는 누가 집례를 하느냐가 아니라 무엇이 집례 되느냐에 초점이 맞추어 져 있다. 그래서 부목사가 집례 하든지, 당회장 목사가 집례 하든지 관계없이 거기에 임하는 하나님의 은혜는 동질적이어야 한다는 뜻이다. 즉 은혜는 목사의 입을 통하여 전해지지만 그 목사가 누구냐가 아니라 무엇이 선포되고 있느냐에 있다. 그러나 한국교회에서는 종종 당회장과 부목사를 비교하여 누가 더 설교를 잘 하는지 교인들이 속으로 평가를 한다. 하지만 이런 행태는 하나님의 주권이나 성령에 의한 내적(內的)증거에 초점을 맞추지 아니하고, 청중의 감정

---

58) 조기연, 『한국 교회와 예배 갱신』, 127.

에 호소하게 될 우려가 있다. 그래서 하나님의 은혜가 하나님의 주권으로 임하는 것이 아니라 집례자의 카리스마가 주체가 되어 버린다. 즉 집례자가 은혜를 베풀게 되는 것처럼 여겨진다. 그래서 A목사가 집례를 할 경우와 B목사가 집례를 할 경우에 차이를 두게 된다. 그래서 철저하게 인간중심의 사고(思考)를 하고 만다. 그러나 천주교에서는 이러한 생각이 억제되는 경향이 있다. 예를 들어 웨스트민스터 예배모범(1644)을 존중히 여긴다면 자국어로 집례 하는 예배를 드린다. 그러나 중세의 로마 가톨릭에서는 자국어가 아닌 라틴어로 예배를 집례 했다. 그렇다면 청중이 알아듣지 못할 라틴어로 한 집례는 무력한 것인가? 한국교회에서 소위 '설교를 잘 한다'라는 말에는 집례자의 언변이 고려되기도 한다. 그렇다면 언변이 뛰어난 목사가 집례 할 때에는 하나님의 역사가 강하게 일어나고, 언변이 덜 뛰어난 목사가 집례 할 때에는 하나님의 역사가 보다 약하게 일어나는 것처럼 된다. 그래서 하나님의 역사가 마치 목사의 언변에 의해 좌우되는 것처럼 인식하게 될 우려도 있다. 근세 개혁교회가 중세 로마 가톨릭과 비교할 때 '설교'라는 놀라운 특징을 살린 것은 충분히 인정하지만 그럼에도 불구하고 자칫하다가는 그 '설교'를 인간의 언변으로 전락시키거나 인간의 실력으로 하나님의 역사를 제한하거나 오용해 버리는 결과를 초래할 수도 있다. 그러나 칼 바르트는 다음과 같이 말했다:

> 인간이 신의 계시에 앞서 가지고 있는 '수용능력'에 관한 결정을 한다는 것이 어디에 근거를 둔 것인가?(중략) 그리고 이렇게 무능하다는 사실이야 말로 인간의 이성이 파악하는 한계에서 결정을 내릴 만한 능력이나 책임성이 없는 이들에게 시련이요, 고통이 될 것이다. 예를 들면 갓난아이나 백치들을 생각해 보라. 그들 역시

아담의 후손이 아닌가? 그리스도가 그들을 위해서도 죽으신 것이 아닌가?[59]

'형식적 인격'과 함께 하나님에 대한 일반적 지식을 아는 능력은 남는다고 성서 본문은 말하지 않는다.[60]

바르트는 인간의 이성이나 책임성이 아니라 하나님의 절대적 은총을 강조했다. 그는 그 예로 '갓난아이나 백치'를 들었다. 즉 인간의 인식여부에 따라 하나님의 은총이 좌우 될 수는 없다. 오히려 바르트는 인간의 잔재주(?)를 공격했다.

말씀에 무늬를 놓아서는 안 된다.(중략) 설교는 의도를 지니는 말씀이어서는 안 된다.(중략) "규정된 성과일과"에 자유롭게 따를 수도 있고, 또한 교회의 전해오는 성과일과에 반대할 수도 있을 것이다.[61]

그렇다면 당회장이나 부목사가 설교를 더 잘 하고 못 하고의 문제가 아니다. 설교는 인간의 입을 통하여 선포되지만 거기에 성령이 임재하실 때 그것은 하나님의 말씀이 된다. 마치 성만찬의 빵을 두고 집례자가 기도를 하면 거기에 성령의 임재가 있는 것과 마찬가지이다.

한국 장로파 교회의 특징 중 또 한 가지는 당회장 목사는 일주일에 9회 내지 10회 가량의 집회인도를 하는 데 부교역자들은 일주일에 한 번, 아니면 한 달에 한두 번 정도 공적(公的)으로 집회를 인도 하는 경우도 있다. 집례를 맡을 수 있는 목사들이 여러 명이나 되는데 왜 그

---

59) K. Barth, "아니오!-에밀 브루너에 대한 답변," E. Brunner and K. Barth, 『자연신학』, 김동건 옮김 (서울: 한국장로교 출판사, 1997), 100.

60) Ibid., 104.

61) K. Barth, 『설교학 원강』, 박근원 역 (서울: 전망사, 1981), 105.

렇게 해야 할까?

전통 서구의 격률을 따르면 '부목사'라는 말이 없다. 물론 '임시목 사'나 '위임목사'라는 말도 없다. 서구 개혁교회의 전통에서는 이러한 구별들이 없다. 개혁교회의 전통을 따를 때에는 역할상의 구분이 있 었을 뿐, 그 직책이 계급화 되는 것이 아니었다. 하지만 한국 장로파 교회의 헌법은 마치 목사들의 계급(hierarchy)을 인정하는 것처럼 보 인다. 경우에 따라서는 한국 장로파 교회의 목사들이, 성직자들의 계 급을 공적(公的)으로 인정하는 천주교의 사제들에게서 드러나는 행태 들보다도 더 계급적으로 여겨지는 이유는 무엇일까?

09

치리-그걸 어떻게 해요?

"치리, 그걸 어떻게 해요?"라고 말 할 사람들이 있을 것이다. 또 "교회가 치리 한다는 게 말이 됩니까?" 혹은 "교회는 은혜로운 곳이 잖아요." "교인 수가 줄어들면 어떻게 하려고 치리를 해요?"라는 등 등의 말들이 나올 것이다. 그러나 치리는 신약성경에도 나오고, 교회 의 역사에도 많이 나온다. 그런데 왜 치리를 하지 않는다는 말인가? 교회는 당연히 공동체이다. 그리고 합법적 기구이다. 그렇다면 당연 히 법이 있으며, 치리가 있는 것이 정상이다. 그런데 20세기 후반부터 예수교 장로회 통합 측의 경우에는 치리하는 사례가 현저하게 줄었 다. 그렇다면 20세기 후반부터 예수교 장로회 통합 측의 경우, 아무런 문제가 없었거나 교인들이 성숙하여 치리가 불필요할 정도로 교회의 상황이 좋아진 것일까? 필자가 알기로는 전혀 그렇지 않다. 그런데 왜 치리하는 사례가 현저하게 줄었을까? 이는 치리를 할 필요성이 없 어서가 아니라 치리를 할 수 없을 정도로 분위기가 바뀌었기 때문이다. 쉽게 말해 일제 강점기 시대의 장로파 교회와 비교할 때 예수교 장로회 통합 측은 과거 한국 장로파 교회의 전통으로부터 강력하게 벗어났기 때문이다. 왜 그런지 예를 들어 보겠다. 내한 선교사 곽안련의 자료를 따르면 다음과 같다[62]):

년 도	금년책벌과 출교	책벌도합	성찬참례 하난 세레인	세레인 도합
1921	1954		68984	72138
1922	2131		70188	25866[63])
1923	3025		73352	94564
1924	3093		74065	83325
1925	3304		75658	89879
1926	3229		76658	91266
1927	2930		72447	94588
1928	3359		73132	87983
1929	2864		74429	90544
1930	2840		73430	91270
1931	2503		75237	94728
1932	2632	6432	78017	104929
1933	2574	6764	82500	103468

여기서 알 수 있는 것은 치리한 수(數)가 많았다는 점이다. 예를 들면 1933년도까지 조선예수교 장로회의 세례교인 수는 10만 명이 조금 넘는다. 이 인구는 그 당시 전 국민의 1%에도 미치지 못하는 소수(少數)이다. 그에 비해 치리한 수는 오늘날과는 비교도 되지 않을 만큼 많았다. 다시 말해 오늘날에는 예수교 장로회 통합 측의 교인 수만 해도 백만 명이 넘는데, 통합 교단에서 치리하는 수는 1933년도

---

62) 郭安連, 『長老教會史典彙集』 (京城: 朝鮮耶穌教書會, 一九三五), 二三五.

63) 이 수치는 무언가 좀 이상하다. 그러나 자료에 그렇게 적혀 있어서 그대로 옮긴다. 다시 확인할 필요가 있다.

치리 수의 절반에도 미치지 못한다. 특히 일제 강점기까지는 장로파 교단이 하나 밖에 없었다. 물론 신학교도 하나 밖에 없는 셈이었다. 즉 평양신학교를 통해서만 목사가 나오던 시기였다고도 할 수 있다.[64] 그 당시에는 선교사들의 영향력이 지금보다 컸다고 할 수 있다. 선교사들의 임무는 한 사람이라도 더 전도하는데 있었을 것이다. 그럼에도 불구하고 치리한 수가 그만큼 많았다는 것은 원칙이 있었음을 의미한다. 즉 오늘날과 같은 교회성장주의를 하지는 않았다는 뜻이다. 언더우드는 다음과 같이 말했다:

> 우리는 다음 주일에 세례식을 거행하게 될 것인데 세례를 받고자 하는 사람들은 대단히 신실해 보입니다.(중략) 며칠 전, 우리는 세 사람을 문답했었는데 그 사람들은 아주 대답을 잘했고, 기독교의 기본적인 교리와 구원에 대한 진리를 잘 알고 있는 것으로 판단되었습니다.(중략) 그들 중에 한 사람은 "하나님께서 우리를 구원하신다면 이 나라와 왕이 우리를 죽이려 한다 해도 관계없습니다."라고 말했습니다. 그리고 또 다른 한 사람도 "내가 내 하나님의 뜻을 따르려 하는 것 때문에 국왕이 내 머리를 베어버린다 해도 상관없습니다."라고 말했던 것을 보면 그들은 세례를 받는 것으로 인해 죽음을 당할 수도 있다는 사실을 알고 있는 것으로 보입니다. 이러한 신앙고백을 듣고서 세례 베풀어 줄 것을 요청받을 때, 거절할 수 없다는 사실은 분명합니다.[65]

이를 따르면 그 당시에는 세례를 함부로 베풀지 않았음을 알 수 있다. 심하면 순교까지도 각오해야 세례를 받을 수 있었다. 세례와 관련된 언더우드의 기록을 더 참고해 보자.

---

64) 물론 만주에 봉천신학교나 동경에 일본신학교도 있었지만 한반도에는 주로 평양신학교였다.
65) H. G. Underwood/ 김인수 옮김, 『언더우드 목사의 선교편지(1885-1916)』 (서울: 장로회신학대학교 출판부, 2002), 89.

언더우드는 곧 문답을 거쳐 세례를 받겠다고 요청하는 사람이 백명이나 있다는 통보를 받았다. 그래서 그는 마을로 내려갔는데,(중략) 찬송가를 부르며 언더우드를 맞이하였다.(중략) 그는 이 마을 사람들에게서 진실로 변화된 삶의 모습을 보았다.[66]

세례를 받고자 원했던 사람 가운데 이전에 동학도였던 사람이 하나 있었다. 그는 어떤 사람을 죽였기 때문에 관헌들이 뒤를 쫓고 있었는데 자신을 숨겨줄 것을 바라고 그리스도인들에게로 피신했다. 그러나 그리스도인들과 함께 있는 동안에 그는 진실로 회개하고 자신의 범죄를 고백하게 되었다. 그가 "어찌해야 합니까?"라고 지도자에게 물으니 그의 대답은, "가서 자수해야 한다"는 것이었다. 받아들이기에는 무척 힘든 충고였으나 그는 자수하러 가서 결국 사형을 선고 받았다. 그럼에도 그는 찬송가를 부르면서 무척 행복해 보였기에 간수들은 놀라고 말았다. 사형선고를 받고도 이렇게 평화와 기쁨이 가득한 사람은 처음 보았던 것이다. 몇몇 다른 수인들도 그를 통해 회개하게 되었다.[67]

그는 사악한 마음을 갖고 악마를 숭배했으나 지금 그의 마음은 완전히 바뀌었다. 회개가 무엇이냐고 묻자 "자신의 행동을 고치고 새로운 마음을 갖는 것"이라고 대답했다.(중략) "당신은 첩을 두면 안된다는 것을 압니까?" "네."(중략) 그는 자신의 죄가 용서 받았다는 것을 알기 때문에 예수님을 믿고 있다고 말했다. 그는 마음이 변화되었으며, 자신의 죄가 용서받았다는 것을 알고 탐욕을 버렸기 때문에 이제는 예수께서 명하신 것을 행하기가 어렵지 않았다.(중략) 위에서 언급한 것들은 이번 시험 문답에서 보통 들을 수 있는 질문과 답변 중 몇 가지 예를 든 것이다. 그들의 변화된 생활은 그것을 아는 신앙의 지도자가 그들에게 세례를 줌으로써 증명되었다.[68]

이를 따라서 보면 세례는 결코 함부로 베풀어지지 않았다. 즉 예수를 믿고 싶다고 해서 마음대로 믿을 수 있었던 것이 아니라 정말 예

---

66) L. H. Underwood/ 이만열 옮김, 『언더우드: 한국에 온 첫 선교사』 (서울: 기독교문사, 1990), 169.

67) Ibid., 170-171.

68) L. H. Underwood/ 신복룡, 최수근 역주, 『상투의 나라』 (서울: 집문당, 1999), 229-232.

수를 믿을 사람인지를 가려서 세례를 베풀었음을 알 수 있다. 이에 비교할 때 오늘날에는 세례가 형식적으로 기우는 경향이 있다. 또한 교회성장주의 때문에 세례에 대해 가볍게 생각하게 되는 경향도 있는 듯하다. 하지만 이와 같은 행태는 초기 조선 기독교인들의 회심들과 비교 한다면 오늘날의 교회들은 직무유기를 하고 있다고 여겨질 정도로 그 상태가 심각하다. 즉 이는 과거 신앙인들의 소중한 전통을 망각한 것이라 할 수 있다. 초기 조선예수교 장로회의 전통을 따를 때에는 엄격한 심사를 거쳐 세례를 베풀었음에도 불구하고 그 시대에는 치리의 사례가 오늘날과는 비교도 할 수 없을 만큼 많았다. 바로 이것이 한국 장로파 교회의 유산이었다. 그런데 왜 치리를 하지 않는다는 말인가? 과연 오늘날의 장로파 소속 교인들은 무고한가? 오늘날의 교인들은 도덕적으로 험이 없는가? 과연 험이 없다고 장담할 수 있는가? 어쩌면 오늘날의 한국 장로파 교회들은 심각한 수준의 직무유기를 하고 있는지도 모른다.

한국교회는 그동안 치리는 거의 하지 않았지만 교인들의 수는 늘지 않았느냐고 반문할지도 모른다. 실지로 그랬다. 1960년대 이후부터 치리는 현저하게 줄고, 교인들의 수는 급격하게 늘었다. 그래서 어쩌면 유일할 정도의 자랑이 교인수가 늘었다는 것이었다. 그러나 이제는 그것도 아니다. 1990년대 이후부터는 교인들의 수가 정체 내지 미세한 성장 아니면 감소 추세로 돌아섰다. 즉 이제는 교회성장도 보장할 수 없는 사태가 발생했다. 반면 천주교는 장로파 교회들 보다 더 질서와 체제가 엄격해 보인다. 그럼에도 불구하고 왜 천주교는 개신교보다 성장 추세에 있다고 말하는가?

한국 장로파 교회가 교회성장주의를 지향 하는데 대해서는 교리적으로도 이의를 제기할 수 있다. 그 이유는 칼빈주의의 원리가 만인구원설이나 보편구원설이 아니라 예정론이기 때문이다. 물론 이와 같은 종류의 구원론에 대해 모이제 아미로(1596-1664)는 강력하게 이의를 제기하였지만 그럼에도 불구하고 구원론에 있어서만큼은 많은 논란을 일으킨 것이 칼빈주의의 예정론이었다. 물론 이 논쟁은 오늘날까지도 신학적 쟁점이 될 수 있다. 그런데 초기 조선 예수교 장로회에서는 무조건 예수를 믿을 수 있게 해 주지는 않았다. 즉 내가 예수를 믿고 싶다고 해서 예수를 믿을 수 있었던 것이 아니라 예수를 믿어도 되는지를 허락받아야 했다. 그리고 예수를 믿을 수 있는 사람인지를 검증받아야 했다. 그것은 세례의 과정을 통해서도 드러났다. 그렇다면 왜 그랬을까? 상식적 판단으로 선교사들은 될 수 있는 대로 많은 사람들에게 복음을 전하여야 했을 것이다. 그럼에도 불구하고 초기 한국에서의 선교정책은 그리 간단하지가 않았다. 일례를 들면 조선시대야 말로 '조상제사'를 중요한 관습으로 여겼다. 그러나 초기 한국 개신교회에서는 그 제사풍속을 폐지했다. 가정이기는 하지만 만일 선교사들이 조상제사 제도에 대해 보다 더 유한 입장을 가졌더라면 전도하기에는 더 유리했을지도 모를 일이다. 하지만 초기의 선교정책은 달랐다. 적어도 초기 개신교 선교사들에게는 이른 바 '원칙'이라는 것이 있었다. 즉 무작정 수를 늘리는데 초점이 맞추어 져 있지는 않았다. 곽안련의 자료를 따르면 '출교'의 사례들도 나타나는데 이는 실지로 그 당시에 장로파 교회에서 교인들을 '출교'시켰음을 의미한다. 하지만 오늘날에는 그 때처럼 출교하는 사례가 많지 않다. 교세로 비교한다면 오늘날의 한국 장로파 교회는 교인들의 수가 그 때와는 비교도 할 수 없을 정도로 많은데도 불구하고 '출교'하는 사례는 그 때 보다 현저하다.

칼빈주의의 교리는 적어도 구원론에 있어서는 로마 가톨릭 교회보다 협소해지는 경향이 있다. 대한 예수교 장로회에서는 헌법에 웨스트민스터 신앙고백 내지 웨스트민스터 대. 소 요리문답을 수록해 두었다. 그렇다면 이는 칼빈주의의 원리에 동의한다는 뜻이 된다. 물론 웨스트민스터 신앙고백(1647)이 도르트 신조(1618)처럼 엄격한 예정론을 주장하지는 않지만 그럼에도 불구하고 보편구원설을 주장하지는 않는다. 냉정하게 들릴는지는 몰라도 칼빈주의의 교리는 모든 이들이 구원을 받는다고 주장하지 않는다. 또 모든 이들이 구원을 받는 것은 공정하지도 않다. 만일 모든 이들이 구원을 받아야 한다면 악한 이들도 구원을 받을 수 있게 되는데 이는 공정하지 못한 처사이다. 하이델베르크 요리문답(1563) 20문에서는 다음과 같이 말했다:

> 문: 그러면 아담을 통하여 멸망 받을 모든 인류가 그리스도를 통하여 구원을 받을 것입니까?
> 답: 그렇지 않습니다. 참 믿음에 의하여 예수 그리스도에게 접붙임을 받고 그의 모든 은혜를 받아들이는 사람들만이 구원을 받을 것입니다.[69]

또한 86문과 87문에서는 다음과 같이 말했다:

> 문: 우리는 우리 자신의 공로가 전혀 없이 그리스도를 통한 은총에 의해서 우리의 죄와 이 죄의 비참한 결과로부터 구속함을 받았으면 그만이지 왜 우리는 또 선행들을 해야 합니까?
> 답: 왜냐하면 그리스도께서는 그의 피로 우리를 구속하셨고, 또한 그의 성령을 통하여 자신의 형상을 닮도록 우리를 새롭게 하시

---

69) 이형기, 『세계개혁교회의 신앙고백서』, 77.

기 때문입니다. 그 결과 우리는 하나님의 은혜에 대한 감사를 전 생애를 통하여 선행의 삶으로 나타내 보여야 하며, 하나님께서는 우리를 통하여 영광 받으실 수 있어야 하는 것입니다. 그 뿐만 아니라 우리들 자신은 신앙의 열매들에 의하여 우리의 신앙을 확인할 수 있어야 하고, 우리의 존경받을 만한 행위에 의하여 우리의 이웃들을 그리스도에게로 인도할 수 있어야 하는 것입니다.

문: 감사치도 않고 회개치도 않는 사람들이 구원받을 수 있습니까?

답: 결코 그럴 수 없습니다.[70]

따라서 그리스도인에게 있어서의 윤리는 필수조건이다. 그렇다면 이러한 윤리강령을 실행할 수 있는 제도적 장치가 있어야 한다. 바로 그 제도적 장치가 치리이기 때문에 칼빈주의의 교회에서는 당연히 치리가 있어야 한다. 치리 없는 교회성장주의는 율법 없이 행하여지는 맹목적 사랑과 다를 바 없다.

---

70) 이형기, 『세계개혁교회의 신앙고백서』, 96.

10

부당한 헌법

한국장로파 교회들의 헌법은 부당하다. 여기서 부당하다고 하는 이유는 그 헌법들이 서구 개혁교회의 격률에서 중요한 이탈을 하였기 때문이며, 그 정신에 있어서도 원래의 개혁주의 정통과는 차이가 있기 때문이다. 대표적인 예를 들자면 전술한 것처럼 목사의 명칭이 다양하고, 그 명칭에 따라 계급화 되어 있을 뿐만 아니라 개혁교회의 전통과는 달리 장로와 집사가 종신직처럼 되어 있어서 견제가 쉽지 않다는 점이다.

한국 장로파 교회의 헌법 성립에 있어서 지대한 영향을 미친 사람은 내한(來韓)선교사 곽안련(C. A. Clark)이다. 그런데 이 곽안련이 서구로부터 수용하여 상황 화 시킨 한국의 헌법은 그 자체로도 미완성이었을 뿐만 아니라 모순도 있었다. 그럼에도 불구하고 한국의 장로파 교회들에서는 그 미완의 작업을 완성하지 아니하고, 그대로 수용해서 교파별로 응용해버린 미숙한 법령이었다. 그렇다면 한국 장로파 교회들의 헌법이 어떤 점에 있어서 문제가 있는지를 살펴보자. 먼저 대한예수교장로회 통합 측 헌법에서는 다음과 같이 주장했다.

    교회의 직원은 항존직과 임시직으로 구분한다.[71]

    그런데 이러한 항존직과 임시직과의 구별이 16-17세기의 브리타니아 치리서들과는 판이(判異)한 행태를 드러낸다. 그 몇 가지 예를 들어보면 첫째, 브리타니아의 치리서에서는 장로와 집사를 임시직으로 규정했다.[72] 그러나 한국에서의 장로와 집사는 항존직분자이다. 둘째, 브리타니아의 치리서에서는 '권사'라는 직책이 없다. 그러나 한국에서는 있다. 물론 '권사'라는 직책은 성경에도 나오지 않는다. 셋째, 브리타니아의 치리서에서는 '안수집사'와 '서리집사'라는 구분이 없다. 그런데 한국에서는 유독 집사만 안수와 서리로 구분하였다. 그렇게 할 수 있다면 안수장로와 서리장로와의 구분도 있어야 한다. 즉 집사만 두 가지로 나눌 것이 아니라 장로도 두 가지로 나누어야 보다 더 공정해 보인다. 셋째, 전술한 것처럼 목사의 종류가 너무 많다. 특히 목사의 구분에 있어서 위임목사와 임시목사로 나누었는데, 이것이 가능하다면 장로의 경우에도 항존장로와 임시장로로 구분해야 그 형평성에 있어서 보다 더 공정할 것이다. 따라서 한국 장로파 교회들의 직책은 일관성이나 통일성이 결여되어 있을 뿐만 아니라 서구 개혁교회의 전통에서 이탈하였음을 의미한다. 그럼에도 불구하고 선교사

---

71) 대한예수교장로회 총회, 『헌법(통합)』, 175.

72) "The election of Elders and Deacons ought to be used every year once"(Edited by David W. Hall and Joseph H. Hall, *Paradigms in Polity*: Classic Readings in Reformed and Presbyterian Church Government, (Grand Rapids: Wm. B. Eerdmans Publishing Company, 1994), 224).

곽안련은 자신이 마치 웨스트민스터의 조례를 따른 것처럼 주장했다. 곽안련은 다음과 같이 말했다:

> 본장(本章)은 이(此)를 슈합(收合)ᄒ거신되 편집(編輯)ᄒᄂ 방법(方法) 은 웨스터민스터 헌법(憲法)의 ᄎ례(目次)에 모방(模倣)ᄒ야 편셩 (編成)ᄒ얏ᄂ니[73]

물론 여기서 주장한 '웨스트민스터 헌법'은 '웨스트민스터 정치모 범(1645)'이 되어야 타당하다. 그러나 초기 죠션예수교쟝로회의 헌법 은 그 내용에 있어서만큼은 웨스트민스터 정치모범과는 판이(判異)하 다. 그 몇 가지 사례를 들어 보겠다. 첫째, 웨스트민스터 정치모범에 서는 목사의 종류가 굳이 말하자면 한 가지 뿐이다.[74] 그러나 초기 죠션예수교쟝로회의 헌법에서는 목사의 종류와 구분이 매우 다양하 다. 둘째, 웨스트민스터 정치모범에서는 목사 안수의 과정에 대해 상 세하게 기록했을 뿐만 아니라 그 당시의 브리타니아에서는 목사가 되 는 일이 매우 어려웠다.[75] 그러나 곽안련은 웨스트민스터 정치모범

---

73) 郭安連, 『敎會史典彙集 (一九一八年 刊)』, 七四.

74) 다만 웨스트민스터 정치모범에서 약간의 차이를 둔다면 특정직이라 할 수 있는 군목제도에 있다("The Form of Presbyterian Church-Government according to the Westminster Standards (1645)," "Extraordinary Practises."). 그 당시의 군목제도는 일반적인 목사의 임직방식과는 차이를 보인다. 그러나 특수한 기관이 아닌 교회에서 목양을 하는 경우라면 목사의 명칭은 동일하다. 즉 목사의 명칭은 한 가지 뿐이며, 그 목사들 간의 권한이 적어도 법적으로는 차이가 없다. 물론 웨스트민스터 정치모범에서는 목사고시를 치르는 과정에서 그 응시자의 '은사'를 살핀다. 그래서 은사의 균형을 따라 목사로서 효율적인 직무의 수행을 감당할 수 있도록 했던 것 같다. 그러나 이는 역활상의 구분이었지, 권한상의 차별은 아니었다.

75) 지면관계상 17세기 당시의 목사임직의 과정에 대한 소개는 생략한다. 다만 필자가 이해한 바를 소개하자면 지금과는 비교도 할 수 없을 정도로 문맹률이 높았을 그 시기에 웨스트민스터 정치모범에서 주장하는 목사 임직의 과정은 매우 어려웠을 것으로 여겨진다. 그 당시의 목사고시를 오늘날 한국에서 시행되는 종류의 어떤 시험들과 비교할 수 있다면, 그것은 오늘날 한국에서 치르는 사법고시나 행정고시에 견줄 만하다고 여겨진다("The Form of Presbyterian Church-Government according to the Westminster Standards (1645)," "The Rules for Examination."; Edited by David W. Hall and Joseph H. Hall, *Paradigms in Polity*: Classic Readings in Reformed and Presbyterian Church Government, (Grand Rapids: Wm. B. Eerdmans Publishing Company, 1994), 274-277).

에 나타난 목사임직의 상세한 방법에 대해 기록하지 않았다.[76] 사실 기록했다고 하더라도 그 당시 한국교회의 상황이 웨스트민스터 정치모범에서 제시한 목사임직의 방법대로 시행 할 만한 여건이 될 수 있었을는지도 의문이다. 셋째, 한국에서는 '무임목사(無任牧師)'라는 말을 쓴다. 이야말로 목사제도에 대해 개념이 부족한 사람들이나 쓸 수 있는 용어이다. 웨스트민스터 정치모범에서 '무임'중인 사람은 목사가 아니다. 만약 용어를 바꾼다면 '휴직 중인 목사'정도가 그나마 어울릴 듯하다. 넷째, 초기 죠선예수교쟝로회의 헌법에는 '피택목사'라는 말도 있는데, 이 역시 웨스트민스터 정치모범에서 제시하는 목사의 개념과는 판이(判異)하다.

대한예수교 장로회의 헌법에 나타난 모순은 장로제도에서도 드러난다. 예를 들면 첫째, 웨스트민스터 정치모범에서의 장로들은 주로 '치리'에 연관 된 일을 한다. 그러나 오늘날 한국교회의 장로들은 교회의 재산 문제에도 개입된다.[77] 둘째, 대한예수교 장로회 통합 측 헌법을 볼 때, 당회가 예배를 관장한다고 주장한다.[78] 그러나 예배는 목사들이 주관하는 일이다. 셋째, 합동 측의 경우에는 당회가 헌금 수집하는 일을 주장한다고 했다.[79] 그러나 초기 죠선예수교쟝로회의 헌법을 따르면 헌금에 대한 직무는 집사들이 맡도록 했다.[80] 넷째, 오늘날 한국교회에 있어서는 장로들의 권한이 비대해 져 있는데, 이

---

76) 郭安連, 『敎會史典彙集 (一九一八年 刊)』, ― ― ―(111).

77) 대한예수교장로회 통합 측 헌법을 보면, 당회의 직무에 대해 "당회는 지교회의 토지, 가옥 등 부동산을 관리한다."라고 되어 있다(대한예수교장로회 총회, 『헌법(통합)』, 188).

78) 대한예수교장로회 총회, 『헌법(통합)』, 188.

79) 대한예수교장로회총회, 『헌법(합동)』, 164.

80) 郭安連, 『敎會史典彙集 (一九一八年 刊)』, 八八.

것은 관습적으로도 그러하다. 예를 들면 오늘날 한국 장로파 교회의 공(公)예배에서는 대부분 장로들이 기도를 한다. 하지만 웨스트민스터 예배모범(1644)에서는 공(公)예배 시간의 기도가 목사의 직무임을 분명하게 제시했다.[81] 곽안련의 주장을 더 들어보자.

> 一. 一九〇七年 信經(년 신경)의 序文(셔문)을 보니 總會(當時는 老會임)가 此 小要理問答(이 쇼 요리문답)도 信經(신경)과 完全(온전)히 朝鮮敎會(죠선교회)의 憲法(헌법)으로 報告(보고)되야 臨時(림시)로 一年 間(일 년 동안) 採用(치용)ᄒ기로 作定(쟉뎡)ᄒ얏ᄂ니라 (一九〇七年 會錄八. 十一. 二十四頁:폐지)[82]

즉 1907년에 제정된 신조의 서문에 나타난 소요리문답과 신조는 임시로 채용된 것이었다. 즉 완전보고가 아니었다. 그리고 초기 조선예수교 장로회 헌법에서 말한 집사의 직책에 대해 알아보면 다음과 같다:

> 總會(총회)의 追後作定(추후쟉뎡) 一. 組織ᄒ지 아니ᄒ 敎會(교회)에서 將立執事(쟝립집ᄉ)를 세우지못홈(一九一二年 會錄 三十一頁: 폐지 十二條) 二. 흘수잇ᄂ듸로 組織흔 支敎會(지교회)에서 執事將立 ᄒᄂ 것이 됴흐니라(一九〇七年 會錄 十五頁:폐지)[83]

이를 따르면 초기 조선예수교 장로회의 헌법은 수립했다가 폐지한 역사를 반복했다. 즉 이렇게 저렇게 고쳐보다가 만들고는 폐지하면서 여러 차례에 걸쳐 수정하였음을 뜻한다. 그렇다면 초기 조선예수교

---

81) Selected by Bard Thompson, *Liturgies of the Western Church* (New York: The William Collins and World Publishing Company, 1962), 358, 367.

82) 郭安連, 『敎會史典彙集 (一九一八年 刊)』, 八四.

83) 郭安連, 『敎會史典彙集 (一九一八年 刊)』, 八九.

장로회에서는 웨스트민스터 예배모범(1644)이나 웨스트민스터 정치
모범(1645)에 대해서 어떻게 말했는지를 살펴보자.

> 總會(총회)의 追後作定(추후쟉뎡) 一. 웨스터민스터 勸懲(권징) 十
> 二章 問題(문뎨)에 (對)되ᄒᆞ야 此言(이말ᄉᆞᆷ)이 잇슴(중략) 一. 웨스
> 터민스터 勸懲條例(권징됴례) 五章 問題(문뎨)에 되ᄒᆞ야 此言(이말
> ᄉᆞᆷ)이 잇슴[84]

> (三)禮拜模範(례배모범)에 對(되)ᄒᆞᆫ 總會(총회)의 作定(쟉뎡) 此等事
> (이런 일)에 對(되)ᄒᆞ야 一九〇七年 細則(세측) 第(뎨)六條(됴)의 言
> (말)을 推察(츄찰)ᄒᆞ면 如何(엇더)ᄒᆞᆫ 事(일)에 던지 朝鮮敎會(죠선교
> 회)가 章程節次(쟝졍졀ᄎᆞ)를 作定(쟉뎡)ᄒᆞᆯ時(ᄶᅢ)ᄭᅵ지 萬國禮拜模範
> (만국례빈모범)되로 遵行(준힝)ᄒᆞ자고 ᄒᆞ엿고 其外(그외)에 禮拜模
> 範(례빈모범)을 特別(특별)히 制定(졔뎡)ᄒᆞᆫ 事(일)이 無(무)ᄒᆞᆷ[85]

  이를 따르면 웨스트민스터 정치모범이나 웨스트민스터 예배모범
을 수록하지 않았음을 알 수 있다. 즉 웨스트민스터 예배모범과 정치
모범을 알고는 있었지만 기록해 두지 않았다. 그러나 이를 생략한 것
은 아니다. 그 이유는 바로 "총회의 추후작정"이라는 말 때문이다. 즉
총회가 아직은 미진하여 이러한 규칙 및 예배모범들을 모두 다룰 수
는 없었지만 추후에는 이와 같은 규칙 및 예배모범들을 다루었어야
했다는 뜻이다. 하지만 광복이후 대한예수교 장로회의 헌법에서는 일
제강점기에 '추후작정'해 두었던 규칙과 모범들을 다루지 않았다. 곽
안련이 다루고자 했던 헌법이나 예배모범보다는 세계교회 협의회
(WCC)에 가입할 것인가 하지 않을 것인가의 문제로 싸우다가 교파
마저 갈라졌다. 그렇다면 일제강점기의 전통으로는 세계교회협의회

---

84) 郭安連, 『敎會史典彙集 (一九一八年 刊)』, 一一七.
85) 郭安連, 『敎會史典彙集 (一九一八年 刊)』, 一一九.

가입에 대한 문제를 다룰 수 없었을까? 결코 그렇지 않다. 한 예를 들면 다음과 같다:

> (一)萬國長老會聯合公議會(만국쟝로회련합공의회)에 總代派送(총
> 딕파송)ᄒᆞᄂᆞᆫ 薦書(쳔셔)ᄂᆞᆫ 裵緯良牧師(ᄇᆡ위량목ᄉᆞ)에게 繕付(션부)
> ᄒᆞ얏ᄂᆞ니라[86]

여기서 말한 "만국장로회 연합공의회"는 오늘날로 말하면 '세계개혁교회 연맹'과 같은 곳이다. 다시 말해 이미 초기 선교사들의 전통 안에 '세계교회 협의회'적 일치에 대한 참여가 있었다. 이 뿐만이 아니다. 곽안련이 소개한 웨스트민스터 정치모범에서는 이미 17세기에 'oecumenical'이라는 말이 나와 있다.[87] 즉 '에큐메니컬'이었다. 그러나 한국 장로파 교회에서는 전통의 규칙이나 예배모범을 누락시켰다. 다시 말해 곽안련이 추진하고자 했던 헌법의 계획안을 생략해 버린 것이다.

한국장로파 교회에서 곽안련의 기록을 무비판적으로 받아들인 사례는 다음과 같다:

> 성경소요리문답[88]
> 성경대요리문답[89]

---

86) 郭安連, 『敎會史典彙集 (一九一八年 刊)』, 六〇.

87) "Synodical assemblies may lawfully be of several sorts, as provincial, national, and oecumenical." ("The Form of Presbyterian Church-Government according to the Westminster Standards (1645)," "Of Synodical Assemblies."). 뿐만 아니라 웨스트민스터 정치모범에서는 개(個)교회주의를 허용하지 않는다. "1st, They were one church."("The Form of Presbyterian Church-Government according to the Westminster Standards (1645)," "Of Classical Assemblies."). "Thirdly, Therefore the scripture doth hold forth, that many congregations may be under one presbyterial government."("The Form of Presbyterian Church-Government according to the Westminster Standards (1645)," "Of Classical Assemblies.").

88) 대한예수교장로회총회, 『헌법(합동)』 (서울: 대한예수교장로회총회 출판부, 1993), 29.

여기서 말하는 "대. 소 요리문답"은 "웨스트민스터 대.소 요리문답"이었다. 그렇다면 헌법에 수록할 때에도 "웨스트민스터 대.소 요리문답"으로 하면 되는데, 신조에도 없는 "성경 대.소 요리문답"이라는 낯선 용어를 사용했다. 그렇다면 이러한 낯선 말은 어디에서 왔을까? 곽안련의 책에는 다음과 같이 적혀 있다:

> 特別(특별)히 웨스터민스터 信經(신경)과 聖經要理問答(성경요리문답) 大小冊子(대쇼책즈)는 聖經(성경)을 明解(붉히해석)혼 冊(칙)인則(즉)(중략) 聖經要理問答 小冊(적은칙)을 더욱 敎會問答(교회문답)으로[90]

여기서 주목할 것은 '성경요리문답'이다. 물론 이 문답은 '웨스트민스터 대.소 요리문답'을 일컬을 것이다. 하지만 적어도 개념이 있는 사람들이라면 훗날 헌법을 만들 때 '웨스트민스터 대.소 요리문답'으로 고쳐 옮겼어야 했다. 하지만 예수교장로회 합동 측에서는 비판 없이 그대로 수용해 버린 듯하다. 그래서 신조에서도 찾기 어려운 '성경요리문답'이라는 희귀한 언어까지 발견할 수 있었다. 이에 대해서는 황재범 박사도 지적 한 바 있다.[91] 그렇다면 곽안련이 수용하여 기록으로 남겨 둔 헌법은 온전한 것이었을까? 곽안련은 다음과 같이 말했다:

> 朝鮮耶穌敎長老會總會(죠선예수교장로회총회)가 웨스터민스터 憲

---

89) 대한예수교장로회총회, 『헌법(합동)』 (서울: 대한예수교장로회총회 출판부, 1993), 59.

90) 郭安連, 『敎會史典彙集 (一九一八年 刊)』, 七五.

91) 황재범, "대한장로교회신경 혹은 12신조의 작성 및 수용과정에 대한 연구," 『기독교사상』 573 (2006. 9): 212와 비교.

法中(헌법즁)에 特別(특별)ᄒᆞᆫ 條件(됴건)만 採用(ᄎᆡ용)ᄒᆞ고 全部(젼부)에 對(ᄃᆡ)ᄒᆞᆫ 酌定(쟉뎡)은 姑無(아직업스)나 未久(미구)에 決議(결의)가 잇을줄아ᄂᆞᆫ 故(고)로(즁략) 今皆準備(이졔다준비)ᄒᆞ야 斯後總會(이후총회)에셔 決議(결의)ᄒᆞᄂᆞᆫᄃᆡ로 添付者添付(쳠부ᄒᆞᆯ것은 쳠부)ᄒᆞ고[92]

(一)政治編輯委員(졍치편즙위원)이 報告(보고)ᄒᆞ되 政治(졍치)ᄂᆞᆫ 웨스더민스더 政治(졍치)와(즁략) 禮拜模範(례ᄇᆡ모범)은 出板(츌판)ᄒᆞ야[93]

이를 따른다면 온전하지 못했다. 즉 웨스트민스터 정치모범은 결정이 되는 대로 헌법에 수록할 계획이었지만 오늘날에 이르기까지도 웨스트민스터 정치모범과 예배모범은 헌법에 기록되어 있지 않다. 즉 일제 강점기에는 웨스트민스터 문서들을 조선예수교 장로회의 헌법으로 받아들였을 뿐만 아니라 그것들을 기록할 계획이 있었으나 광복 이후의 한국 장로파 교회에서는 그러한 작업보다도 교단분열에 앞장섰다. 추측이기는 하지만 한국교회에서 곽안련이 지속적으로 영향력을 미쳤다면 웨스트민스터 정치모범과 예배모범까지도 헌법에 수록되었을 가능성이 있다.[94] 그래서 한국 장로파 교회에서는 헌법을 만들 때, 첫째, 미완성 된 문서들을 방치한 채로 수용하였다. 즉 누락된 웨스트민스터 문서들을 더 찾지 않았거나 헌법에 기록하지 않았다. 둘째, 한국 장로파 교회에서는 일제 강점기의 미완된 헌법의 조항을 광복 이후에 비판 없이 그대로 수용하기도 하였다. 그 대표적인

---

92) 郭安連, 『敎會史典彙集 (一九一八年 刊)』, 五.

93) 郭安連, 『敎會史典彙集 (一九一八年 刊)』, 六八.

94) 대한예수교장로회에서는 주로 '웨스트민스터 신앙고백(1647)'과 '웨스트민스터 대·소 요리문답'을 헌법 책에 실었다. 그래서 한국에서는 마치 웨스트민스터 문서가 세 가지 뿐인 것으로 오해될 여지가 있다. 그러나 웨스트민스터 문서는 3개가 아니라 5개이다. '웨스트민스터 신앙고백', '웨스트민스터 대요리문답', '웨스트민스터 소요리문답', '웨스트민스터 정치모범', '웨스트민스터 예배모범'이 있다.

예로 '성경 대.소 요리문답'이라는 희귀한 용어를 들 수 있다. 셋째, 광복 이후 한국 장로파 교회들의 헌법 텍스트는 17세기 브리타니아의 치리서들[95]이 아니라 일제 강점기에 사용되었던 곽안련의 헌법이었다. 그러나 곽안련의 헌법은 미완된 것이었다. 용어상으로도, 문법적으로도, 그리고 번역에 있어서도 그러했다. 그렇다면 한국 장로파 교회에서는 광복 이후에 헌법에 대한 해석 및 용어 그리고 제도 등에 대한 폭넓은 고찰이 필요했다. 그러나 오늘날까지 전해지는 헌법에 있어서 볼 때 그러한 흔적은 찾기 힘들었다. 다만 헌법의 문장들을 다듬었다든가, 소위 사회법으로 불리어질 '민법(民法)'적 이해에 있어서는 보완이 되었을지 몰라도 교회법으로서는 여전히 미흡했다. 그 이유는 아마도 한국 장로파교회가 사용한 원 텍스트(original text)의 자료가 분명하지 않았기 때문일 것으로 여겨진다. 즉 기준이 확실하지 않았을 것이다. 그랬기 때문에 한국 장로파 교회는 서구 세계의 칼빈주의 교회들과는 심각한 괴리를 보여 줄 수밖에 없었을 것이다.

---

95) 제2 스코틀랜드 치리서(1578)나 웨스트민스터 정치모범(1645).

11

왜 목사들만 사례비를 받나요?

"왜 목사들만 사례비를 받나요? 장로
나 집사는 사례비를 받을 수 없나요? 우리는 돈 내고 일을 하는데 왜
목사들은 돈 받고 일 하나요?"라는 질문은 종종 들려오기도 하고, 겉
으로는 말하지 않지만 속으로는 그리 생각하기도 한다. 그래서 미리
답변부터 한다:

> 장로나 집사들도 사례비를 받을 수 있습니다. 다만 그 전에 해결되
> 어야 할 과제가 있습니다. 장로나 집사들을 철저하게 임기제에 의
> 한 임시직으로 만들어야 합니다. 현 추세로는 운영상 장로나 집사
> 들에게 사례를 할 수 없습니다. 해마다 연말이나 연초에 거의 모든
> 교인들이 직원으로 임명되는데 어떻게 사례를 할 수가 있겠습니
> 까? 그래서 개혁교회의 전통을 따라 조를 짜서(resonable space) 해
> 마다 돌아가면서 당번을 맡아 그해에 임명된 직원들에 한해서만
> 사례를 할 수밖에 없을 것입니다. 물론 그 직원들은 최소한의 인원
> 으로 해야 운영이 가능하며 효율적일 것입니다.

즉 장로나 집사들도 사례비를 받을 수 있다. 실지로 칼빈 시대에는

장로들도 사례비를 받았다. 이정숙 박사는 다음과 같이 말했다:

장로들은 회의에 참석한 만큼에 해당되는 급료를 연말에 받았다.[96]

　그렇다면 집사는 사례비를 받아야 하는가? 당연한 일이다. 칼빈 당시의 기준으로 한다면 집사들은 복지사나 간호사에 해당한다. 구빈원(救貧院)에서 일했던 그들에게 사례를 하지 않는다면 오히려 이상하다. 대신 정확하게 계산해야 한다. 즉 집사나 장로들은 모두 사례비를 받고, 그에 합당한 일을 해야 한다. '주급제로 계산을 하든가 아니면 시급제로 계산을 하든가'는 운영상의 문제 일 테고, 사례비 없이 그냥 교회에서 일을 맡기는 것은 부당하다. 그러나 여기서 중요한 것이 있다. 집사의 직무는 일종의 전문성이 요구된다. 즉 가난한 이들을 돌보는 일을 무작정 할 수만은 없다. 그래서 교육이 필요하리라 본다. 장로의 경우에도 마찬가지이다. 장로들은 치리에 관한 일을 맡은 자들이기 때문에 당연히 전문성이 요구될 수밖에 없다. 그리고 많은 이들을 장로로 세울 수도 없다.

　16세기의 존 낙스는 장로와 집사의 임기를 1년으로 규정했다. 그래서 시무장로들의 인원을 제한 할 수밖에 없으며, 그 직을 수행하기에 적합한 사람들을 뽑고, 그들을 교육한 후에 그들에게 직무를 맡겨야 한다. 그런데 여기서 주의할 것이 있다. 집사의 경우에는 열심히 일을 하면 그에 따라 사례를 할 수 있지만 장로의 경우에는 실적을 올리기 위하여 과도하게 고발 할 수도 있다. 또 사적인 감정을 앞세워 고발

---

96) 이정숙, "출교에 관한 존 칼빈의 신학과 제네바 컨시스토리의 활동," 『최근의 칼빈연구』 한국칼빈학회 엮음, (서울: 대한기독교서회, 2001), 321.

할 수도 있다. 그래서 이 문제에 대한 예방책이 필요하다. 부스마는 다음과 같이 말했다:

> 칼빈은 공동체 내에 권징을 지속시키기 위해 제네바에 사적으로 모이는 "장로들"의 당회를 창설하여 "그들이 군중들이 없는 자리에서 토의함으로써 좀 더 질서가 있도록 했다." 그는 [교회와 국가와의] 병립적 통치개념을 보존하려고 노력하는 중에 장로와 교회와의 관계는 의회와 시(市)와의 관계와 같다고 설명했다. 그러나 이 병립적 설명은 잘못된 것이다. 왜냐하면 칼빈의 체계에 있어서 장로들은 사실상 이전에는 의회에 속했던 주된 책임을 맡았기 때문이다. 이에 첨가해서 교회의 전 교인들이 다른 사람들의 행동을 책망하고 교정할 의무가 있었다.(중략) 그는 원한 관계 때문에 비난하게 되는 경우가 비일비재함을 알았으며, 그는 "우리가 악덕들을 꼭 비판해야 할 경우 우리는 자기 자신부터 살펴보는 것을 잊지 말아야 하며 그래서 자신의 약점들을 생각하면서 다른 사람들에 대해 온건하게 대하도록" 규정했다. 우리는 사실들을 확인하고 신중하게 판단해야 한다.[97]

그래서 치리에 봉사하는 장로들은 자신을 절제할 수 있는 이들이어야 하며, 이성적이고, 판단력이 뛰어난 이들이어야 한다. 그렇다면 목사들은 어떨까? 당연히 목사들도 사례비를 받아야 한다. 그런데 목사들의 사례비는 장로들이나 집사들보다는 높게 책정될 수밖에 없다. 그 이유는 두 가지로 볼 수 있다. 첫째, 제2 스코틀랜드 치리서(1578)를 따를 때 목사들은 겸직을 하지 않는다.[98] 즉 세속적 직업을 갖지 않는 것이 상례이다. 이 점은 장로나 집사들과는 차이가 있다. 둘째, 직책상의 권한으로 볼 때 그 비중이 장로나 집사들보다는 목사들이

---

97) Bouwsma, 『칼빈』, 510-511.

98) Andrew Melville, "The Second Book of Discipline (1578)," Chapter 1:9; Edited by David W. Hall and Joseph H. Hall, *Paradigms in Polity*: Classic Readings in Reformed and Presbyterian Church Government, (Grand Rapids: Wm. B. Eerdmans Publishing Company, 1994), 235.

더 크기 때문에 장로나 집사들 보다는 목사들이 더 많은 사례비를 받
는 것이 정당하다고 생각한다.

12

심방은 누가 하나요?

"심방은 누가 해야 하나요?" 글쎄? 누가 하는 것이 바람직할까? 일반적으로는 목사가 하는 일로 여긴다. 그러나 예수교 장로회 통합 측의 헌법을 참고한 사람들은 심방을 권사들의 직무로 이해할 것이다. 그런데 예수교 장로회의 합동 측에서는 심방을 장로의 직무로 이해했다. 동일한 뿌리를 가진 교단인데도 왜 이러한 차이가 생겼을까? 그렇다면 먼저 통합 측의 헌법을 살펴보자.

> 권사는 교회의 택함을 받고 제직회의 회원이 되며 교역자를 도와 궁핍한 자와 환난당한 교우를 심방하고 위로하며 교회에 덕을 세우기 위해 힘쓴다.[99]

반면 합동 측에서는 다음과 같이 주장 한다:

---

99) 대한예수교장로회 총회, 『헌법(통합)』, 184.

제직회원 이외 권찰(勸察)을 세워 교인 심방하는 일을 맡길 수 있으니 신앙이 독실한 남녀 교인 중에서 목사나 당회가 권찰을 임명하되 그 임기는 1개년이요 혹은 제직회원으로 권찰의 임무를 겸무하게 할 수도 있다.[100]

제4조 장로의 직무(중략) 3. 교우를 심방하되 위로, 교훈, 간호 한다. 교우를 심방하되 특별히 병자와 조상자(遭喪者)를 위로하며 무식한 자와 어린아이들을 가르치며 간호할 것이니 평신도보다 장로는 신분(身分)상 의무와 직무(職務)상 책임이 더욱 중하다.[101]

이를 따라서 보면 차이가 있다. 즉 통합 측에서는 심방을 권사의 직무로 제시했고, 합동 측에서는 심방을 권찰과 장로의 직무로 제시했다. 그런데 권찰은 제직회원이라는 강제성이 없기 때문에 합동 측에서는 심방을 사실 상 장로의 직무로 제시한 셈이다. 여기서 우선적으로 고려해 본다면 통합 측 보다는 합동 측이 전통의 격률에 더 가깝다. 그 이유는 전통의 격률을 따르면 '권사'라는 직책이 없기 때문이다. 물론 합동 측에서 제시한 '권찰'이라는 직책 역시 전통의 격률에는 없다. 그러나 심방을 장로의 직무로 제시한 것은 통합 측보다는 바람직하다. 왜냐하면 '권사'라는 직책은 전통의 격률에서 제시하지 않았을 뿐만 아니라 성경에도 나오지 않는다고 여겨야 하기 때문이다.

그런데 여기서 더 중요하게 생각해 볼 점은 심방의 역할이다. 즉 심방은 누가 하느냐도 중요하지만 왜 심방을 했는지, 심방은 무엇을 의미하는지를 살펴보아야 한다. 영어로 옮겨진 자료를 따르면 심방은 'visitation'이다.[102] 이 말은 '방문'으로 이해할 수 있다. 그런데 누구

---

100) 대한예수교장로회총회, 『헌법(합동)』, 201.

101) 대한예수교장로회총회, 『헌법(합동)』, 159.

102) J. Calvin, "Draft Ecclesiastical Ordinances (1541)," in *Calvin: Theological Treatises* J. K. S. Reid ed., (Philadelphia: The Westminster Press, 1988), 68.

를 방문했느냐이다. 1541년 판 '교회의 법령'을 따르면 환자와 죄수들 이었다.[103] 즉 아픈 사람들과 교도소를 방문한 것이다. 그리고 그 방 문은 목사들이 했다. 이를 따르면 심방은 목사들의 직무로 여겨진다. 그리고 제2 스위스 신앙고백(1566)을 따르면 다음과 같다:

> 사람이 허약함에 시달리고 영과 육의 병으로 쇠약해 질 때 극심한 시험에 떨어진다. 그러므로 교회의 목사들은 교인들이 허약해지고 병들어 누워 있는 상태가 있기 전에 그의 양떼들의 건강을 잘 돌보 는 것이 마땅하다.[104]

그래서 이를 따라 보면 심방은 목사의 직무에 해당한다. 즉 심방은 환자들을 돌보고, 교도소를 방문하여 죄수들을 살피는 것이다. 그렇 다면 심방은 목사의 직무여야 할 텐데 왜 합동 측의 헌법에서는 장로 들의 직무로도 말 하였을까? 우리는 여기서 이정숙 박사의 견해를 살 필 필요가 있다. 이정숙 박사는 다음과 같이 말했다:

> 제네바에서 일반심방은 1556년부터 실시되었다. 그 이전에는 환자나 수감자와 같은 이들을 위한 특수심방만 있었는데 교인들의 삶을 가 깝게 살피기 위해 마련된 것이다. 이 때 이후 더 많고 다양한 케이 스가 컨시스토리에 등장하게 된 것을[은] 두 말할 필요가 없다.[105]

> 장로들과 목사들은 심방을 통하여 교인들을 돌아보고 잘못이 발견 될 경우 컨시스토리로 소환하여 각종 문제들을 상담하고 경우에 따라 심리하기도 하였다.[106]

---

103) Ibid., 68.

104) Schaff, *The Creeds of Christendom*, 300; 이형기, 『세계개혁교회의 신앙고백서』, 214.

105) 이정숙, "목사는 누구인가?," 221(각주 26).

106) 이정숙, "목사는 누구인가?," 221.

이를 따르면 '심방'은 환자들을 돌봄에만 있지 않았다. 즉 심방하는 이유는 교인들을 감시하기 위해서였다. 우리는 주로 '심방'을 돌봄의 차원으로 이해해 왔다. 하지만 사실 심방에는 '감시'하는 의미가 있다. 그래서 심방을 지칭하는 'visitation'이라는 말에는 시찰(視察)이라는 뜻도 있다. 실지로 칼빈시대에는 그러한 감시의 역할을 공적으로 시행하였다.[107] 이정숙 박사의 말을 더 들어보자.

> 이들(장로들)의 주 업무는 제네바에 거주하는 사람들의 생활을 살피고, 그릇된 삶을 살고 있는 사람들은 친구처럼 권면하고, 목사회(The Company of Geneva Pastors)에 이 사실을 보고하여 함께 형제애 훈련 혹은 권징을 실행한다.[108]

따라서 심방은 장로의 직무이다. 그래서 심방을 장로의 직무로 명시한 합동 측의 헌법은 타당해 보이기도 한다. 하지만 합동 측의 헌법에서는 '심방'을 감시라는 의미로 이해하지 않고, '돌봄'이라는 의미로 이해했다. 이러한 차원의 이해라면 그러한 심방은 '장로'가 하는 것이 아니다. 장로가 심방해야 하는 이유는 교인들을 감시하기 위함에 있다. 만일 심방을 돌봄의 차원으로만 보아야 한다면 그 직무는 차라리 집사가 맡는 것이 더 바람직하다. 이에 대해서는 웨스트민스터 정치모범(1545)을 통해서도 알 수 있다. 웨스트민스터 정치모범에서는 다음과 같이 말했다:

> 그들(집사들)의 직책은 영속적[109]이다. 그러나 그들의 직무는 말씀을

---

107) J. Calvin, "Draft Order of Visitation of the Country Churches January 11, 1546," in *Calvin: Theological Treatises* J. K. S. Reid ed., (Philadelphia: The Westminster Press, 1988), 74.
108) 이정숙, "제네바 컨시스토리," 『한국기독교신학논총』 18 (2000. 8): 164.

설교하거나 성례를 집행하는 것은 아니며, 가난한 자들의 필요를 따라 나누어 주고, 그들을 돌보는 것이다.110)

이를 따른다면 돌봄의 역할은 사실 상 집사들이 맡아야 한다. 실지로 칼빈시대의 구빈원(救貧院)에서는 환자와 가난한 자들을 돌보았다. 물론 그 구빈원의 집사들이 환자들의 집으로 일일이 방문을 하였는지는 잘 모르겠으나 칼빈시대의 심방 개념은 집으로 찾아감에 있었다. 그런데 그 방문의 목적이 그들의 생활을 살피기 위함에 있었다.

한국의 개신교회가 심방이라는 개념에 대해 크게 오해하고 있는 것 중 하나는 심방을 '돌봄'의 차원으로만 받아들이고, '감시'라는 의미로는 받아들이지 않음에 있다. 사실 심방에 돌봄만 있다면 장로들이 굳이 심방해야 할 의무는 없다. 왜냐하면 장로의 직무는 교인들을 감시하여 그들이 과실이 있을 시 당회에 보고하여 치리해야 하는데 있기 때문이다. 그러나 한국의 심방에는 돌보는 역할이 주가 되고, 감시하는 역할, 즉 시찰(視察)하는 기능이 약화되어 있다. 그렇다면 사실 장로들은 할 일이 별로 없거나 그 역할이 현저하게 줄어든다. 그래서 장로들은 자신들의 직무에 충실할 수 없게 된다. 그렇다면 교인들의 필요를 따라 장로들을 세울 수 있는데, 할 일이 없을 시에는 굳이 장로들을 세워야 할 필요성이 없어 져 버리게 된다.

---

109) 여기서 '영속적'이라는 말은 직책에 해당하지, 사람에 해당하지 않는다. 그래서 집사는 임시직이다. 이에 대해서는 부록에 있는 논문 "16 · 17세기 브리타니아의 치리서들에 나타난 항존직(恒在職)"을 참고 하라.

110) "The Form of Presbyterian Church–Government according to the Westminster Standards (1645)," "Deacons."

13

목사의 임기는 몇 년 인가?

"목사들의 임기는 몇 년인가?" "목사들은 임시직인가 항존직인가?"라는 질문에 대해서는 상식적으로도 답을 할 수 있지만 한국에서 만큼은 이 문제에 대해 전통의 격률을 따라 답할 수밖에 없다. 그 이유는 한국 장로파 교회들의 헌법이 서구 전통의 격률들에 견줄 때 괴리가 심하기 때문이다.

우선 첫 번째 문제에 대해서부터 답해보자. 목사들에게는 임기가 없다. 전통의 격률들을 따를 때 임기는 장로들과 집사들에게 해당된다. 여기서 제2 스코틀랜드 치리서와 웨스트민스터 정치모범의 조항을 옮겨본다:

목사들은 하나님으로부터 한번 부르심을 받아야 한다. 그리고 또한 사람으로부터도 합법적으로 부르심을 받아야 한다. 그 이후 목사들은 목양의 직책을 받아들인다. **한번 합법적으로 부르심을 받으면 그들(목사들)의 직무는 떠날 수 없다.** (그럼에도 불구하고 목사가 된 이후에도, 자기 마음대로) 그 직책을 떠나고자 할 때에는 견책

을 받아야 한다; 견책을 했는데도 불구하고 계속 고집을 부릴 경우
에는 마침내 출교된다.[111]

목사직은 교회에서 상시직이며, 영속적인 직무자인데 복음의 시대
에 있어서는 예언자직과 같은 것이다.[112]

이를 따른다면 목사들에게 있어서는 임기가 적용되지 않는다. 목
사들은 은퇴할 때까지 그 임기가 보장된다. 목사를 그만 두게 할 수
있는 방법은 목사들이 불법을 행하여 합법적으로 재판을 받고, 그 판
결에서 그들의 직무를 정지시키거나 면직시켰을 경우에만 타당하다.
목사들은 부르심 자체가 합법적이기 때문에 면직절차 역시 합법적으
로 이루어져야 한다. 그러나 한국에서는 이 부분에 있어서 불법적으
로 처리된 경우들이 많다.

그렇다면 두 번째 문제에 대해 답해보자. 목사들은 항존직이다. 따
라서 한국에서 시행되고 있는 '임시목사제도'는 서구 전통의 격률들
과 다르다. 서구 전통의 격률을 따르면 모든 목사들은 위임목사에 해
당하는 권리를 가진다. 즉 '위임이나 임시나 부목사'라는 종류의 구분
이 없다. 특정직으로서의 군목제도만 제외한다면 목사의 종류는 한
가지 밖에 없다. 즉 그냥 목사들일 뿐이다. 칼빈시대의 목양방식을 따
른다면, 모든 목사들은 동등한 권한을 가지며, 목사들의 회에서 서로
협력하여 목회를 할 수 있도록 되어 있었다. 브리타니아의 격률을 따
라도 마찬가지이다.[113] 즉 한 교회에서 보통 둘 이상의 목사들이 목

---

111) Andrew Melville, "The Second Book of Discipline (1578)," Chapter 4:4.

112) "The Form of Presbyterian Church-Government according to the Westminster Standards (1645),"
   "Pastors."

113) "in the ministry of the word; though these different gifts may meet in, and accordingly be exercised
   by, one and the same minister; yet, where be several ministers in the same congregation,"("The

양을 담당할 수 있었다. 그러나 혼자서도 교회 일을 맡을 수 있도록 허용되었다.114) 그래서 원칙적으로는 여러 명의 목사들이 협력하여 공동으로도 목양을 할 수 있도록 되어 있었다.

최근 한국에서 논의 되는 것 중 하나는 목사들과 장로들, 모두에게 임기제를 적용하자는 주장이 있다. 하지만 이는 바람직하지 않다. 임기제는 장로들이나 집사들에게 해당한다. 목사들에게는 해당되지 않는다.

일부에서는 장로들이 평생직 아니었냐고 묻게 될 것이다. 즉 칼빈 시대의 장로들은 임기가 있는 1년 직 임시직이기는 했지만 연임할 수 있었다.115) 그래서 지속적으로 신임을 얻는다면 평생직이 될 수도 있지 않았겠느냐고 질문할 수도 있다. 그러나 이는 설득력이 약하다. 그 이유는 '시의원'이라는 특징 때문이다. 즉 장로로서 신임이 두터워 연임할 수도 있겠지만 문제는 시의원의 임기가 지속되지 않을 경우에는 장로를 할 수 없었다는 점이었다. 즉 시의원이 종신직이라면 몰라도 시의원에게 임기가 있었다면, 설령 장로를 계속하고 싶다고 하더라도 시의원의 임기가 종료되어 버리면 자동적으로 장로를 할 수 없게 된다. 왜냐하면 16세기 제네바에서는 시의원들 중에서 장로들이 나왔기 때문이다.

Form of Presbyterian Church-Government according to the Westminster Standards (1645)," **"Teacher or Doctor,"**).

114) "Nevertheless, where is but one minister in a particular congregation, he is to perform, as far is able, the whole work of the ministry."("The Form of Presbyterian Church-Government according to the Westminster Standards (1645)," "Teacher or Doctor,").

115) 이양호, "칼뱅주의의 희망, 한국교회," 『종교 개혁과 칼뱅』 (서울: 두란노아카데미, 2010), 123.

14

목사는 무엇 하는 사람들인가?

"목사들은 무엇을 하는 사람들인가?"
첫째, 말씀을 선포하고, 둘째, 각종 예배 및 예식을 집례하며, 셋째, 교인들을 치리하는 사람들이다. 넷째, 목사들은 교인들을 교육하는 사람들이다. 그래서 목사들은 예배와 예식의 집례자들이며 교인들을 살피고, 경우에 따라서는 판단을 해야 하는 재판장이다. 따라서 목사들은 교인들의 선생이며, 교인들을 다스리는 통치자들이다.

흔히 사람들은 목사들의 직무를 소개할 때 '봉사자' 혹은 '말씀의 봉사자들'이라고 주장한다. 하지만 칼빈주의의 목양방식에 있어서 본다면 이러한 말들은 오해될 여지가 있다. 왜냐하면 칼빈주의의 목양 원리대로 말한다면 '봉사'라는 말은 집사들에게 더 어울릴 것이기 때문이다. 왜냐하면 칼빈시대의 집사들은 구빈원(救貧院)에서 직무를 맡은 사람들이기 때문에, 사람들을 육체적으로 돌보는 일은 집사들의 직무였다. 물론 목사가 말씀을 전하는 '말씀의 봉사자'라든가, '하나님의 말씀을 증거 하는 종'이라는 표현도 옳기는 하다. 하지만 이는 하나님의 편에서 종이지, 사람들의 편에서는 종이 아니기 때문이다. 따라서 사람들이 목사들에게 '봉사자'라든가 '종'이라는 표현을 쓸 경우에는 오해될 여지가 있다. 사람들의 입장에서 본다면 목사들은 '통치자'이며, '재판관'이고, '교육자'들이다.

그래서 목사들은 어쩔 수 없이 치리를 해야 한다. 여기서 치리를 한다는 말은 평소 교인들의 삶을 살피고, 그들을 권면한다는 말도 되지만 더 중요한 것은 필요할 경우에는 교인들을 소환하여 그들을 재판해야 한다는 뜻이다. 이는 오늘날 사법부에 속한 판사에게 쥐어 준 권한보다도 더 다양한 권한을 목사들에게 부여한 것이나 마찬가지이다. 물론 사회의 통념을 따를 때에는 판사들의 권한이 더 막강해 보일 수도 있지만 그럼에도 불구하고 적어도 교회 안에서 목사들이 가진 권한은 사회의 판사들이 가진 권한보다 더 다양하다. 즉 사회의 판사들에게는 사법적 권한만 부여되어 있지만 목사들에게는 행정부에서 담당하는 '교도권'과 종교적 전문인들이 담당하는 예전 집행권이 모두 부여되어 있기 때문이다.

누군가는 필자에게 다음과 같은 종류의 말을 하였다: 바울의 말을 따른 즉, 너희 원수가 주리거든 그에게 먹이고, 그가 목말라하거든 그로 마시게 하라. 그리함으로 너는 그 원수의 머리에 숯불을 쌓아놓으리라(롬 12:20)며 자기에게 해코지 하는 사람에게도 관용의 마음을 가져야 함을 주장한 것을 종종 들었다. 그러나 나의 판단으로는 그렇게 말한 그 사람은 자신의 힘으로는 자신을 해코지하는 사람에게 보복할 힘이 없어 보였다. 그러나 용서나 관용은 강한 자들의 몫이지 약한 자들의 권리가 아니다.116) 보복할 힘이 없는 사람들이 바울의 그와 같은 말을 인용한다는 것은 자기위안일 수도 있다는 뜻이 된다. 즉 이런 사태는 목회자들이 현장에서 흔히 경험 할법한 현상가운데 하나다.

어떤 이들은 판단은 하나님께 맡기고, 원수 갚는 것도 하나님께 맡기는 것이 좋지 않겠습니까?라고 말 할 수도 있다. 그러나 이에 대한 필자의 답변은 다음과 같다: "그렇다면 목사들을 세우지 마시고, 하나님이 모든 일들을 다 하시면 됩니다. 하나님이 직접 목양하시면 될 일이지, 뭐 하러 목사들을 세우십니까?"

하나님께서는 목사들을 세우시어 교인들을 잘 다스리고 그들 사이에서 옳고 그름을 판단하며 목사들에게 치리하라고 권한까지 주셨는데 왜 목사들은 자신들의 권리를 방임하는가? 예를 들어보자. 어느 경찰관에게 죄인들을 잡으라고 방망이도 쥐어주고, 수갑도 주며, 권총도 주었다. 그런데 이 경찰관이 범죄자들을 무서워하여 벌벌 떨고 있다면 어떤 일들이 생길 것 같은가? 예를 하나 더 들어보자. 판사가 피고를 앞에 세워 두고 그를 두려워한다면 그 재판정은 어떻게 되겠는가?

좋든 싫든 칼빈은 목사들에게 막강한 권한과 의무들을 부여하였다. 그래서 목사들이 의무들에 충실 한다는 것은 말씀의 증거와 예배 및 예식의 집례를 정당하게 하기 위하여 많은 노력을 한다는 뜻도 되지만 목사들은 교인들에게 정당하게 권면하고, 경우에 따라서는 그들을 불러놓고 그들을 재판해야 하며, 그들에게 책벌해야 한다는 뜻이 된다.

이와 같은 집무에 소질이 없거나 이와 같은 방식의 목양이 싫은 사

---

116) 이민규, "교회 안의 용서와 구원," 『2011 예배와 강단』 김종렬 엮음. (서울: 기독교문사, 2010), 771과 비교.

람들은 칼빈파 교단에서 떠나도 된다. 감리회를 가거나 오순절 교단을 가더라도 대한민국의 헌법에는 저촉이 되지 않는다. 그러나 만일 어떤 목사들이 칼빈파 교단에 그대로 남기를 원한다면 그들의 업무에 있어서 재판은 불가피하다.

마르틴 루터가 신학박사라고 한다면 존 칼빈은 법과대학(法科大學)을 졸업한 목사였다!

15

목회는 어떻게 하는 것이 좋을까?

최근 '뉴스앤조이(http://www.newsnjoy. co.kr/)'에서는 대형교회의 목사들을 타겟으로 삼아 목사성토에 열을 올린다. 하지만 한국에는 대형교회만 있는 게 아니다. 또한 유능하신 신학 교수님들께서도 목사들에 대한 비판을 아끼지 않으신다.[117] 비판하시다 못해, 목사들이 고통당하는 것은 마치 당연한 일인 것처럼 말씀하시기도 한다. 정홍열 박사께서는 다음과 같이 말씀 하셨다:

> 사실 목회자가 되는 일은 두렵고도 떨리는 일이며 너무 힘든 길이다. 신학대학교 교수되는 일보다 훨씬 더 어려운 일이다. 그러나 이렇게 어려운 길을 가려는 사람들이 과연 그 길에서 만나게 될 어려움을 예상하고 준비하고 가고 있는가? '먹사'와 '삯꾼'으로 전락하지 않고 참된 목자의 길을 걷는다는 것은 좁은 길 중에서도 더 좁은 길이다. 주님의 특별한 은혜와 자신을 끊임없이 채찍질 하지

---

117) 김승호, "목회자의 힘의 남용에 대한 목회 윤리적 이해." 『한국기독교신학논총』 71 (2010); 김승호, "목회 윤리 연구경향 분석." 『한국기독교신학논총』 59 (2008): 271-291; 김승호, 『목회준비 제대로 하기』 (예클레시안, 2007); 김승호, "목회자 성윤리 교육의 방향성." 기윤실, 바른교회아카데미, 교회개혁실천연대 공동 포럼 (2010. 12. 20. 장소: 청어람).

않고서는 결코 갈 수 없는 불가능해 보이는 길이다. 부자가 천국 가는 일만큼 어려운 일인 것 같다. 아니 낙타가 바늘귀로 들어가는 일보다 더 어려운 일이다. 그러나 오늘날 우리는 목회자 되는 길을 너무 쉽게 생각하고 그 길을 가고 있지는 않는지 스스로 물어보아야 하겠다.[118]

이에 대해 필자는 몇 가지의 견해를 말씀드린다. 첫째, 왜 목회자가 되는 일이 두렵고 떨려야 하는가? 그렇게 해야 할 근거는 무엇인가? 예를 들면 제2 스코틀랜드 치리서(1578)를 따를 때, 목사는 상당히 권위 있는 이름이며, 그들이 가진 권한 자체가 결코 약하지 않은 근거에서 출발한다.[119] 칼빈시대만 해도 목사들은 고위직 공무원에 해당한다.[120] 칼빈시대에는 목사를 뽑는 일이 신중하게 이루어졌고, 또 목사가 되는 일은 어려운 과정을 통해 가능했다.[121] 칼빈시대 뿐만 아니라 웨스트민스터 정치모범(1645)만 보더라도 목사고시의 과정은 매우 어렵다.[122] 물론 칼빈시대나 17세기 브리타니아에서도 목사 될 사람들의 은사나 소명을 살폈다. 뿐만 아니라 그의 지적이고, 언어적이며, 은사에 있어서 어느 정도의 능력이 있는지를 철저하게

---

118) 정홍열, "한국교회의 바람직한 목회자상," 『한국조직신학논총』 20 (2008. 6): 34-35.

119) "우리는 저들을 사도들이 의장 혹은 총독으로 명명했던 바의 장로라고 부른다."(Andrew Melville, "The Second Book of Discipline (1578)," Chapter 6:2). 물론 여기서의 장로는 목사나 신학 교수도 포함될 수 있다: "성경에 나오는 장로라는 말은 어떤 때에는 나이와 관련하여 쓰였고, 어떤 때에는 직책에 관련하여 쓰였다. 직책과 관련해서는 포괄적으로 연로자(年老者)나 장로로 명명되었던 것처럼 목사나 박사를 의미하기도 한다."(Andrew Melville, "The Second Book of Discipline (1578)," Chapter 6:1).

120) 이정숙, "목사는 누구인가?-칼빈의 목사직 이해와 실천," 『한국교회사학회지』 23 (2008. 11): 226.

121) 이정숙, "목사는 누구인가?-칼빈의 목사직 이해와 실천," 225-226; 이정숙, "칼뱅이 그린 목회: 어머니가 자식을 품듯이," 『종교개혁과 칼뱅』 4 (2010. 10): 245-246.

122) 지면관계상 17세기 당시의 목사임직의 과정에 대한 소개는 생략한다. 다만 필자가 이해한 바를 소개하자면 지금과는 비교도 할 수 없을 정도로 문맹률이 높았을 그 시기에 웨스트민스터 정치모범에서 주장하는 목사 임직의 과정은 매우 어려웠을 것으로 여겨진다. 그 당시의 목사고시를 오늘날 한국에서 시행되는 종류의 어떤 시험들과 비교할 수 있다면, 그것은 오늘날 한국에서 치르는 사법고시나 행정고시에 견줄 만하다고 여겨진다("The Form of Presbyterian Church-Government according to the Westminster Standards (1645)," "The Rules for Examination.").

검증하였다. 그렇지만 그 일이 왜 두렵고 떨려야 하는지는 잘 모르겠다. 그 정도의 통과 의례를 거쳤다면 나름대로 자부심도 생길 것 같고, 마침내 목사가 되었다는, 그 어려운 과정에 합격하였다는 즐거움도 있을 듯한데, 정홍열 박사는 두렵고, 떨리는 일이라고 했다. 물론 목사의 일을 가볍게 생각하라는 말은 아니다. 하지만 전통의 격률을 따른다면 적어도 목사는 강한 자부심과 주어진 권세에 의한 힘과 그에 따라 명예가 주어지는 것은 당연한 일이었다. 결코 이는 로마 가톨릭의 직제를 말함이 아니다. 종교개혁의 전통에 있어서 보아도 그렇다는 점이다. 목사가 얼마나 권위 있고, 목사가 얼마나 명예로운 직책인가에 대해서는 이양호 교수의 견해도 참고 할 수 있다. 이양호 교수께서는 다음과 같이 말씀하셨다:

> 칼빈(J. Calvin)은 설교자가 설교를 할 때 "하나님의 말씀이 그 말씀 속에 빛남으로 그의 종들을 통해 말씀할 때마다 마치 그가 우리와 대면해 가까이 있는 것처럼 그것에 의해 감동되는 것이 마땅하다"고 말했다. 또한 그는 그리스도가 "그들의 입이 자기 입으로 간주되고 그들의 입술이 자기 입술로 간주되기를 원한다"고 말했다. 그래서 목사의 직임이야말로 하나님이 인류에게 주신 최고의 직임이다. "하나님이 인류에게 준 많은 중요한 은사들 중에서 독특한 특권은 그가 사람들의 입과 혀를 자신을 위해 성별하고 그것들 안에서 자신의 음성을 울리게 하는 것"이라고 칼빈은 말했다. 그러면 하나님이 왜 직접 말씀하시지 않고 목사를 사용하는 것인가? 칼빈은 그 이유를 다음과 같은 세 가지로 설명하고 있다. 첫째, 우리 인간들을 하나님의 사신으로 사용한 것은 우리 인간에 대한 존중을 선포한 것이다. 둘째, 우리 인간들을 통해 하나님의 말씀을 선포하는 것은 듣는 자들을 시험하기 위한 것이다. 하나님이 하늘로부터 직접 말씀 하신다면 지체 없이 받아들일 것이다. 그러나 흙으로부터 나온 보잘 것 없는 인간이 하나님의 이름으로 말할 때, 그가 우리보다 아무 것도 낫지 않을지라도 우리가 그의 사역에 순종을 보

인다면 하나님 자신에 대한 우리의 경건과 순종을 가장 잘 입증하는 것이다. 셋째, 우리가 가르치고 배우는 유대 속에 있을 때 상호 사랑을 키울 수 있다는 것이다.[123)

이를 따른다면 목사가 되기 전에는 당연히 겸허함이 필요하다. 그러나 목사가 되는 과정은 목사가 되기로 지원하는 혼자만의 선택에 달려 있지 않다. 결코 그렇지 않다. 목사고시의 과정을 통하여 철저하게 가려진다. 그러나 정홍열 박사께서는 마치 목사가 되려고 하는 사람이 목사가 되기도 전에 모든 책임을 질 생각을 하고, 다시 말해 단단히 각오를 하고 가야 할 것처럼 말했는데, 설령 본인이 단단히 각오를 한다고 해도 타인의 평가나 고시에서의 평가가 그를 인정하지 않는다면 개인의 각오는 무산된다. 그렇다면 이는 제도상의 문제이지, 개인의 결단이나 각오만의 문제는 아니다. 그리고 목사의 길은 어려운 길이고, 그 길에서 만날 어려움을 예상하라고 했는데, 도대체 무엇이 그리 어렵다는 말인가? 그리 따지면 판사도 어렵고, 의사도 어려우며, 교수도 어렵다. 세상에 어렵고 신중하지 않을 일이 어디 있겠는가? 그런데 유독 정 박사께서는 목양은 특별하게 어려운 듯 말했다. 그러나 전통의 격률을 따를 때, 목양은 특별하게 어려운 일이 아니었다. 무엇 때문에 사람들이 그토록 어려운 일을 하려고 모여 들었겠는가? 만약 목양이 감당할 수 없을 정도로 어렵게 여겨진다면 이는 큰 잘못이다. 목양이 그토록 어렵다면 이는 개선되어야 할 사안이지, 그 부조리를 그대로 인정하고 감당하며, 받아들여서 될 일은 아니다. 정홍열 박사께서는 자신의 논문에서 독일어로 된 문헌까지 인용하셨

---

123) 이양호, "종교개혁과 목회자상," 『연세목회자 신학세미나 강의집』 16 (1997. 6): 90.

다. 그렇다면 그 분도 혹시 독일에서 공부하셨거나 아니면 독일에서 생활하신 적이 있으셨을까? 그 분의 사정은 잘 모르겠지만 과연 독일에서도 목사들의 목양이 힘들어 마치 낙타가 바늘귀로 들어가는 것처럼 어려운 일이었을까? 필자의 판단으로는 그렇지 않다. 그렇다면 독일에서는 그렇지 않은데, 한국에서만 유독 목양이 어렵다고 한다면 이는 개선되어야 할 일이지, 마치 그 고통이 당연한 일인 것처럼 인정되어서는 안 된다.

정홍열 박사께서는 "주님의 특별한 은혜와 자신을 끊임없이 채찍질 하지 않고서는 결코 갈 수 없는 불가능해 보이는 길이다."라고 함으로써 목양자들도 자성의 시간을 가져야 함을 주장했다. 물론 이는 당연한 말이다. 그래서 칼빈시대에는 목양자들이 매주 모여 서로 토론하고,[124] 3개월에 한 번씩 스스로 돌아보며 반성하는 시간을 가졌다.[125] 그러나 한국교회의 경우에는 개 교회주의처럼 되어 있기 때문에 칼빈시대와 같은 행동을 하지 못하는 실정이다. 그래서 이 역시 제도적으로 보완되어야 할 문제임은 두 말할 나위가 없다. 칼빈시대의 목양 방식에 대해서는 여러 연구서들에서 다루었는데, 그 중에 맥닐의 견해를 옮겨보자면 다음과 같다:

> 우리가 오늘날 알고 있는 교회와 국가의 그것이 아니라 같은 공동체의 종교와 정치간의 구별이었다. 사람들은 칼빈시대의 제네바에 종종 '신정정치(theocracy)'라는 말을 갖다 붙인다. 그러나 그 말은 오늘날 대부분의 사람들에게 모호한 것으로 받아들여진다.(중략) 제임스 맥키논(James Mackinnon)은 '목사정치(clerocracy)'라는 단어를 제시한다.[126]

---

124) 이정숙, "목사는 누구인가?-칼빈의 목사직 이해와 실천," 『한국교회사학회지』 23 (2008. 11): 223-224.
125) 이정숙, "칼뱅이 그린 목회: 어머니가 자식을 품듯이," 『종교 개혁과 칼뱅』 4 (2010. 10): 247.

칼빈은 상습적인 간통자들을 사형에 처하기로 원했고, 실제로 한두 번 사형이 언도되었다.(중략) '목사들을 모욕'한 죄로 한 남자는 혀에 구멍이 뚫렸다. 목사들을 마귀라고 비난한 한 학생은 본보기로 대학에서 채찍질 당했다.(중략) 제네바에서 나타난 최초의 치과의사는 칼빈이 직접 그의 기술을 테스트 한 후에야 면허를 얻었다. 부정직하거나 터무니없는 상거래는 심한 벌을 받았다.127)

이를 따른다면 칼빈 당시 목사회는 매우 활발하게 활동을 하였으며, 목사들의 권위는 아주 높았던 것으로 여겨진다. 그런데 정홍열 박사께서는 목사들의 직무에 대하여 "낙타가 바늘귀로 들어가는 일보다 더 어려운 일이다."라고 하였다. 그런데 과연 그럴까? 어째서 목사의 직무가 낙타가 바늘귀로 들어가는 것보다 더 어렵다는 말인가? 그 정도로 어려운 일이라면 불가능한 일이므로 하지 말아야 한다. 즉 정홍열 박사께서는 목사들이 할 수도 없는, 즉 불가능한 일을 한다는 주장을 한 셈인데, 이게 무슨 뜻인지 필자로서는 도무지 이해할 수가 없다. 설령 그 말이 비유적 표현이었다고 할지라도 그것은 지나친 표현이다.

이런 인식은 단지 정 박사의 주장에서 그치지 않는다. 필자도 여러 차례에 걸쳐서, 목양은 힘든 다느니, 목양은 십자가를 지는 길이라느니, 목사는 남에게 베풀어야 한다든지,128) 목사는 사람들을 섬겨야 한다는 등 갖가지 주장들을 다 들어보았다. 물론 나도 한 때는 그런 줄 알았다. 그러나 돌이키어 생각해보니, 그들의 주장에는 동의 할 수가 없었다. 그 이유는 칼빈주의의 목양 방식이나 격률, 그리고 브리타

126) John T. McNeill/ 양낙흥 옮김, 『칼빈주의 역사와 성격』 (고양: 크리스챤다이제스트. 1990), 211.
127) Ibid., 216-217.
128) 굳이 누군가에게 베풀어야 한다면 그런 일은 주로 집사의 직무에 해당한다.

니아의 치리서들을 따를 때에는 그러한 주장들이 터무니없이 들렸기 때문이다. 격률들과 전통을 의지하자면, 칼빈주의에 속한 목사들은 높은 위상과 강한 권위를 가졌으며, 목사로 임직할 때, 그는 하늘과 사람들과 교회로부터 권한을 위임받는다. 그리고 목사는 그 권한과 직무를 정당하게 행하여야 한다. 그래서 마땅히 벌 받아야 할 사람들이 있는데도, 목사가 그들을 치리하지 않으면 그 자체로 직무유기이다. 그런데 현 예수교 장로회 통합 측의 실태로는 치리하기가 어렵다. 그래서 이 문제는 하루 빨리 개선되어야 할 일이다. 굳이 법이나 전통이나 원리로 말한다면 교회를 부흥시키지 못한 목사에게는 과실이 없다. 그러나 마땅히 벌 받아야 할 교인들이 있는데도 그 교인들을 치리하지 못했다면 이는 직무유기가 된다. 칼빈파 교단의 일차적 덕목은 교인들의 수를 늘리는데 있지 않고, 교인들이 바른 생활을 하도록 지도하는데 있다. 그래서 목사에게 고집을 부리거나 부당하게 목사에게 항의 하거나 목사에게 정당하지 못한 대우를 한 사람들이 있다면 목사와 공회는 당연히 그러한 교인들을 벌해야만 한다. 만약 그러한 과실들을 알고도 교인들을 벌하지 않았다면 그 목사들은 직무를 유기한 것이다. 벌을 받아야 할 대상이 장로라고 할지라도 예외가 아니다.

칼빈시대의 목양방식에 있어서 깊이 생각해야 할 것은 '목사회'였다. 그 당시 목사의 임직식은 'ordinentur'인데, 이 말의 뜻은 서품, 혹은 목사의 회에 들어간다는 '입회(入會)'이다. 'ordinentur'는 'order'라는 단어와 연관하여 볼 수 있는데, 'order'는 '수도원'을 뜻한다. 따라서 목사의 입회식(ordinentur)은 목사들의 회(會)에 가입하는 중요한 절차였다. 중세에 있어서 수도사들이 된다는 것은, 마치 새로 들어오는 수도사를 선배 수도사들이 부모와 같이 아니면 가족 이상으로 생각하고 받아들였다. 그래서 수도원에 들어가서 수도사회의 가족이 된다는 말은 생각하기에 따라서는 형제보다도 더 가까운 관계이기도 했다. 목사의 임직식을 그런 언어로 이해했다. 칼빈 당시에는 실지로 목사회가 매우 활발히 유기적으로 움직였을 뿐만 아니라 목사들 간의 토론이 잦았고, 공동목양의 방식을 택하였다. 그래서 바로 그 목사회 때문에 목양을 할 수 있었던 것이다.

부 록

16세기 제네바의 목양방식을 통해 본 교역자의 위상[1]

『교회의 규례들 (1541)』[2]을 중심으로

공헌배

I. 들어가는 말

1. 연구의 목적

본 연구의 목적은 16세기 제네바에서 이루어졌던 목양의 방식을 살핌으로써, 한국 칼빈파 교회의 교역자들에게 바른 위상을 제언하는 데 있다.

최근 학계의 한 동향을 살필 때, '만인(萬人)제사장'론과 '종의 리더십' 또는 '섬김의 리더십'이라는 종류의 주장들을 볼 수 있다. 그러나 만인제사장론은 만인교역자론이 아니다. 그런데 일부에서는 '만인제사장론'을 마치 '만인교역자론'이라도 되는 양 오용해 왔다. 그리하여 평신도의 설교라든가, 장로가 하는 기도를 '목회기도'[3]라고 부르는 등

---

1) 본 논문은 『한국조직신학논총』 29 (2011. 6): 125-153에 게재되어 있다. 본 저서에서는 이 논문을 약간 수정하여 여기에 싣는다.

2) J. Calvin, "Draft Ecclesiastical Ordinances (1541)," in *Calvin: Theological Treatises* J. K. S. Reid ed., (Philadelphia: The Westminster Press, 1988), 56-72.

3) 향린교회의 경우, 장로가 주일 낮 예배 시간에 사회를 맡고, 또 장로의 기도를 일컬어 '목회기도'라고 했다.

다양한 혼선을 가져왔다. 따라서 본 논고에서는 칼빈시대 제네바에서 결정하였던 "교회의 규례들(1541)"이라는 글을 통하여 16세기 당시, 스위스의 개혁교회가 시행했던 교역의 역할이 무엇이었는지를 찾고자 한다.

2. 선행(先行)연구

최근 '뉴스앤조이'[4]를 비롯한 진보진영에서는 일명 '만인제사장론'을 주장하며, '평신도'의 역할이 강화 되어야 하고, 평신도와 교역자가 직무에 있어서도 차별을 줄여야 함을 주장한 경향이 있었다. 또한 정홍열은 「한국교회의 바람직한 목회자상」이라는 글을 통하여, '만인제사장'론을 승인하며, 종교개혁의 전통에 있어서 '교역자'란 '제사장'이 아니라고 주장했다.[5] 이와 같은 흐름은 한국교계에서 일반적으로 잘 알려진 사실이기도 하다. 몇 가지 예를 들면, 양한계는 「루터의 만인제사장론과 평신도의 재발견」이라는 글을 통해 로마 가톨릭의 제사장론을 공격하며, 루터를 해석하여 평신도의 역할을 강조했다.[6] 또한 김화민은 「루터의 만인제사장론에 대한 개혁교회의 바른 직분론」이라는 글을 통하여 교회 안의 3중직으로서 '목사, 집사, 장로'라는 직분을 소개했다.[7] 이와 같은 주제를 다룬 글들은 많이 있

그러나 이는 제2 스위스 신앙고백(1566)의 원리에 맞지 않다.

4) http://www.newsnjoy.co.kr/

5) 정홍열. "한국교회의 바람직한 목회자상." 『한국조직신학논총』 20 (2008. 6): 26-34.

6) 양한계. "루터의 만인제사장론과 평신도의 재발견." (경성대학교 석사학위 논문. 2008).

7) 김화민. "루터의 만인제사장론에 대한 개혁교회의 바른 직분론," (안양대학교 신학대학원 석사학위 논문. 2008).

다.8) 이와 같은 글들은 주로 두 가지의 특징을 드러낸다. 첫째, '만인제사장론'은 주로 루터의 신학과의 연관성에서 발견된다. 둘째, 루터의 주장이 '만인제사장론'이다. 그러나 종교개혁 운동이 '만인제사장론'을 주장했다고 해서 평신도의 '만인 교역자론'을 승인한 것은 아니다.9) 그리고 '만인제사장론'에 대해 간과하기 쉬운 또 한 가지가 있는데, '만인제사장론'은 루터뿐만 아니라 칼빈파의 교회에서도 인정하고 있다는 점이다. 특별히 개혁교회의 신앙고백에 있어서 중요한 위상을 갖고 있는 하인리히 불링거의 제2 스위스 신앙고백(1566)에서도 '만인제사장론'은 인정한다.10) 즉 '만인제사장론'이 반드시 루터파의 전통에서만 나타난 것은 아니었다는 점이다. 그런데 중요한 점은 불링거가 쓴 제2 스위스 신앙고백에서는 교역자의 위상을 매우 높게 인식한다. 하지만 한국의 일부에서는 '만인제사장론'과 '만인교역자론'을 오해하는 흐름이 있다. 물론 이에 반대하여 만인제사장론에 대한 인식을 반드시 평신도의 권리 또는 역할 강화에 국한 하는 일반적 흐름과는 차이가 있는 주장도 있다. 『신학이 있는 묵상』2권의 경우에는 목사의 제사장 직임을 인정하면서 목사는, 평신도와는 분명하게 구분된다는 것을 주장했다.11)

---

8) 조영승. "루터의 교회론과 기독교 한국루터회." (루터대학교 신학대학원 석사학위 논문, 2007); 김진경. "루터, 칼빈 그리고 웨슬리의 교회론 고찰." (감리교신학대학교 신학대학원 석사학위 논문, 2002); 최범황. "목회자의 권위에 대한 기독교 윤리학적 연구." (감리교신학대학교 신학대학원 석사학위 논문, 2002); 오혁진. "만인제사장적 사고와 장애인 이해: 경건주의를 중심으로." (한세대학교 신학대학원 석사학위 논문, 2002); 정홍열. "루터의 만인제사장직." 『신학과 선교』 9 (2005. 12): 177-193; 이광호. "만인제사장 이론에 대한 새로운 이해와 고찰." 『한국개혁신학』 14 (2003. 10): 356-381 등.

9) "그러므로 제사장직과 교역자직은 서로 크게 다르다. 방금 지적한 대로 제사장직은 모든 기독교인들이 공유하고 있으나 교역자직은 그런 것이 아니기 때문이다. 그런데 우리가 교황의 제사장직을 그리스도의 교회에서 제거시켰다고 해서 교회의 교역자직을 폐지시킨 것은 아니다."(C. Philip Schaff, *The Creeds of Christendom*, vol. 3 (Michigan: Baker Books, 1931), 281; 이형기, 『세계개혁교회의 신앙고백서』 (서울: 한국장로교출판사, 1991), 184).

10) C. Philip Schaff, *The Creeds of Christendom*, vol. 3 (Michigan: Baker Books, 1931), 281.

그리고 한편으로는 교역의 역할을 '교회론'을 중심으로 쓴 논문이 있다. 배경식은 「칼빈의 교회론이 한국교회에 주는 의미」에서 주로 칼빈의 『기독교 강요』를 중심으로 칼빈의 교회론을 다루었는데, 그의 주장을 따르면, 칼빈의 경우, 교회를 '신앙생활의 학교'로 여겼으며, 교회에서 중요한 것은 '말씀선포'와 '성례' 그리고 '권징'이라고 하면서 한국교회의 문제를 지적하였다.[12] 이 논문은 칼빈시대의 '직제'를 이해함에 있어서 도움을 줄 수 있다. 그런데 칼빈시대의 목양방식을 살필 때, 중요한 한 초점은 '치리'에 있었다. 하지만 배경식의 논문에서는 '치리'에 해당하는 권징부분의 분량이 작으며[13] 또한 권징을 통하여 교역자의 위상을 드러낼 수도 있었는데, 배경식은 그 부분을 언급하지 않았다.[14] 배광식의 「장로교 정치원리와 치리제도 형성에 관한 역사적 연구」의 경우에는 칼빈주의의 정치원리와 영.미권 계열의 '치리의 원리'를 이해함에 있어서는 도움을 줄 수 있다.[15] 그리고 윤은수의 「개혁신학에 나타난 '권징'에 대한 역사적 고찰」은 '치리의 원리'를 다루었기 때문에[16] 본 논고의 주제와는 연관성이 있다. 하지만 이 역시 목양자의 위상에 집중된 연구서는 아니다. 반면 박희영의 「칼빈의 교회론: 그의 직제론과 한국 장로교회 직제론의 비교 연구」의 경우에는 칼빈시대의 직제론과 한국 칼빈파 교회와의 상황을 비교함으로써, 한국교회와 칼빈시대의 직제가 어떻게 달랐는지를 알 수

---

11) 김동건, 박정호, 김종복, 『신학이 있는 묵상』, 2 (서울: 대한기독교서회, 2008), 72-76.

12) 배경식, "칼빈의 교회론이 한국교회에 주는 의미," 『신학과 과학』 5회 한국조직신학자 전국대회 (2010. 4): 60-74.

13) 배경식, "칼빈의 교회론이 한국교회에 주는 의미," 70-71.

14) 배경식, "칼빈의 교회론이 한국교회에 주는 의미," 70-71.

15) 배광식, "장로교 정치원리와 치리제도 형성에 관한 역사적 연구." (계명대학교 박사학위 논문, 2005).

16) 윤은수, "개혁신학에 나타난 '권징'에 대한 역사적 고찰." (계명대학교 박사학위 논문, 2009).

있도록 했을 뿐만 아니라 임기제에 관해서도 다루었기 때문에[17] 본 논고에서 다루는 주제와의 연관성이 있다. 이와 같은 연구는 안은찬의 「장 칼뱅의 목회신학과 그 적용 가능성 연구」의 경우와도 비교할 수 있다. 즉 안은찬은 단순하게 '칼빈의 신학'만을 연구한 것이 아니라 그 적용의 가능성을 살핌으로써 한국교회를 위해 지침을 제공한 셈이다.[18] 이와 같은 논문들은 칼빈시대 제네바의 목양 방식과 한국교회와의 상황을 비교할 수 있도록 한다.

하지만 국내에 있어서 누구 못지않게 칼빈시대의 목양방식을 잘 소개한 이로는 이정숙을 꼽아야 한다. 그의 저술들[19]은 16세기 당시 스위스의 목양방식을 잘 보여주었는데, 특별히 '종교법원(consistory)'[20]과 연관 하여 칼빈의 목양신학을 소개했다는 점에 있어서 높이 평가되어야 한다.

칼빈 연구로 명성을 얻은, 부스마(W. J. Bouwsma)의 경우에는 "칼빈은 각종 무질서를 보고 불안을 느꼈기 때문에 권위주의적인 통제 방식을 좋아하게 되었다."[21]라고 했는데, 필자는 이에 대해 동의한다. 칼빈이 말한 목사들의 권위는 특별히 말씀의 선포에서도 두드러진다.

---

17) 박희영. "칼빈의 교회론: 그의 직제론과 한국 장로교회 직제론의 비교 연구." (계명대학교 석사학위 논문, 2002).

18) 안은찬. "장 칼뱅의 목회신학과 그 적용 가능성 연구." (총신대학교 박사학위 논문, 2007).

19) 이정숙. "제네바 컨시스토리: 칼빈의 신학과 목회의 접목." 『한국기독교신학논총』 18 (2000. 8): 159-185; 이정숙. "목사는 누구인가?-칼빈의 목사직 이해와 실천." 『한국교회사학회지』 23 (2008. 11): 207-235; 이정숙. "출교에 관한 존 칼빈의 신학과 제네바 컨시스토리의 활동." 『최근의 칼빈연구』 한국칼빈학회 엮음. (서울: 대한기독교서회, 2001), 306-329; 이정숙. "칼뱅이 그린 목회: 어머니가 자식을 품듯이." 『종교개혁과 칼뱅』 4 (2010. 10): 238-250; 이정숙. "칼뱅의 제네바 목회로부터 '종합적 목회'배우기." 『종교개혁과 칼뱅』 4 (2010. 10): 251-263.

20) 이정숙은 'consistory'라는 단어를 킹던(Robert M. Kingdon)의 표현을 빌려, '심리 법정' '강압적 상담 서비스' '교육 기관'으로 이해했다(이정숙. "출교에 관한 존 칼빈의 신학과 제네바 컨시스토리의 활동." 『최근의 칼빈연구』 한국칼빈학회 엮음. (서울: 대한기독교서회, 2001), 322). 그런데 'consistory'의 역할을 본다면 '가정법원'으로 옮겨도 별 무리가 없다. 본 논고에서는 '종교 법원'으로 옮긴다.

21) W. J. Bouwsma/ 이양호, 박종숙 옮김. 『칼빈』 (서울: 나단, 1991), 512.

이와 관련된 이양호의 다음과 같은 주장은 고려해야 한다.

> 칼빈(J. Calvin)은 설교자가 설교를 할 때 "하나님의 말씀이 그 말씀 속에 빛남으로 그의 종들을 통해 말씀할 때마다 마치 그가 우리와 대면해 가까이 있는 것처럼 그것에 의해 감동되는 것이 마땅하다"고 말했다. 또한 그는 그리스도가 "그들의 입이 자기 입으로 간주되고 그들의 입술이 자기 입술로 간주되기를 원한다"고 말했다. 그래서 목사의 직임이야말로 하나님이 인류에게 주신 최고의 직임이다. "하나님이 인류에게 준 많은 중요한 은사들 중에서 독특한 특권은 그가 사람들의 입과 혀를 자신을 위해 성별하고 그것들 안에서 자신의 음성을 울리게 하는 것"이라고 칼빈은 말했다.[22]

이와 같은 이해는 목사야말로 신의 대리인임을 인식하게 할 정도이다. 뿐만 아니라 부스마는 칼빈의 말을 빌려, "하나님의 사역자들은 그들의 가르침에 대적하는 자들을 정죄를 받도록 하나님의 법정 앞에 소환해야 한다."[23]라고 했다.

그런데 한국의 경우에는 적지 않은 사람들이 '만인제사장론'의 근거를 루터의 신학에서 인용함으로써, 정작 칼빈주의의 목양방식을 놓쳐버렸거나 칼빈시대의 목양방식이 오용된 흐름을 발견할 수 있었다는 점이다. 이에 따라 본 논고에서는 개혁교회의 목양 원리가 어떤 것이며, 개혁교회에 있어서 교역자의 위상이 어떠해야 하는지를 16세기 제네바의 목양방식을 통해 살펴보려고 한다.

---

22) 이양호, "종교개혁과 목회자상." 『연세목회자 신학세미나 강의집』 16 (1997. 6): 90.
23) Bouwsma, 『칼빈』, 518.

Ⅱ. 칼빈이 주창한 교회의 규례들에 나타난 목사와 장로의 역할

한국 칼빈파 교회에서 나타난 특징 중 가장 심각한 문제 하나를 꼽으라면 당연히 목사와 장로와의 갈등구조라고 할 수 있다. 사람들은 칼빈이 '목사와 장로'라는 제도를 만들었다고는 알고 있는데, 칼빈이 그 역할에 대해 무어라고 했는지는 자세히 알지 못하는 경향을 발견할 수 있었다. 물론 이로 인하여 생긴 직무상의 오용은 교회의 갈등 요인이 될 수밖에 없었다. 뿐만 아니라 한국 칼빈파 교회에서 주로 야기 될 수 있는 결정적 문제 가운데 한 가지는 목사의 청빙제도와 위임제도, 그리고 장로선출에 관련되기도 한다.

대한예수교 장로회의 통합 측 헌법을 보면 목사를 견제할 수 있는 제도적 장치는 있어도 장로를 견제할 수 있는 장치는 제도적으로 미약하다.[24) 또한 장로는 70세에 은퇴하도록 돼 있는 항존직(恒存職)이어서 이는 16세기의 제네바의 개혁자들의 의도와는 판이(判異)함을 알 수 있다. 물론 관습을 제외한 법적 근거로만 본다면 합동 측의 경우에도 통합 측과 대동소이(大同小異)한 점이 있다.[25) 그러나 이는 16세기 스위스의 제네바교회에서 의도한 바와는 중요한 차이가 있다. 그리고 학계나 교계의 일부에서는 목사의 독재를 우려하기도 하며, 목사들을 공격하는, 날카로운 비판들이 쏟아지고 있다. 따라서 본 논고에서는 16세기의 개혁교회의 특징을 통하여 교역자의 위상을 다시 살피고자 한다.

---

24) 대한예수교장로회, 『헌법(통합)』 (서울: 한국장로교출판사, 2007), 175, 177-179, 182.
25) 대한예수교장로회총회, 『헌법(합동)』 (서울: 대한예수교장로회총회 출판부, 2005), 152, 157-159.

'장로제도'는 칼빈이 그 원류가 아니다. 제2 스위스 신앙고백(1566)을 따르면 장로제도는 고대 교회에도 있었다.[26] 다만 스위스에서는 그 제도를 16세기에 되살렸다. 그래서 16세기의 개혁교회에서는 로마 가톨릭의 교황 및 주교제도를 반대하여, 평신도의 권리를 높였고, 교역자는 마땅히 장로들에게 견제라도 받아야 할 사람들인 것처럼 생각할 수 있는 여지를 준 것으로 이해될 가능성이 생겼다. 그러나 그게 바로 오해였다. 스위스 개혁교회의 의도대로 한다면 목사보다는, 장로가 견제될 수 있는 가능성이 훨씬 더 크다. 그 이유는 두 가지로 압축될 수 있는데, 첫째, 장로는 매년마다 신임을 물어야 한다는 1년 직 임시직이며, 둘째, 장로는 목사의 소환을 받아야 임명될 수 있었고, 오늘날과 같이 교회에서 투표로 선출된 직임이 아니었기 때문이다. 즉 장로는 시의회에서 선임되었다. "교회의 규례들(1541)"을 따르면 장로에게 안수해서 세우라는 말이 없다. 그리고 장로가 임직될 때에는 '선서'하라고 했다.[27] 즉 장로는 안수로 세워지는 직이 아니었다고 할 수 있다. 반면 목사는 '안수'로 세워졌다.[28]

　안수와 관련된 이정숙의 견해를 살펴보자. 이정숙은 다음과 같이

---

26) Schaff, *The Creeds of Christendom*, 283.

27) J. Calvin, "Draft Ecclesiastical Ordinances (1541)," in *Calvin: Theological Treatises* J. K. S. Reid ed., (Philadelphia: The Westminster Press, 1988), 64.

28) "Et qui electi sunt, ordinentur a senioribus cum orationibus publicis, et impositione manuum. Damnamus hie omnes,"(Schaff, *The Creeds of Christendom*, 280). 그러나 이 부분을 번역한 미국 판 제2 스위스 신앙고백에서는 '장로들'에 의해 목사임직의 안수가 이루어지는 것으로 삽입 및 변질시켰다(Schaff, *The Creeds of Christendom*, 878). 하지만 칼빈시대의 격률을 감안한다면 장로는 단지 '선서'에 의해 세워진 1년 직 임시직인데다, 장로의 직무가 주로 시(市)의회와 연관되었을 것이므로, 장로가 목사의 '서품식(ordinentur)'에 참여했을 리는 만무할 것으로 여겨진다. 또한 목사의 서품 혹은 입회를 뜻하는 'ordinentur'라는 단어는 'order'라는 단어와 연관하여 볼 수 있는데, 'order'는 '수도원'을 뜻했다고 한다. 따라서 목사의 입회식(ordinentur)은 목사들의 회(會)에 가입하는 중요한 절차였다. 이 예식이 장로와 연관되는 것은 매우 어려울 것으로 판단된다. 따라서 16세기 스위스의 임직방식과 근대 미국의 임직방식 사이에는 차이가 있었을 것으로 여겨진다. 하지만 이는 본 연구의 후속과제이다.

말했다.

> 칼빈은 루터나 쯔빙글리와는 달리 안수받은 사제 출신이 아니었다
> 는 것에 대해 일체의 열등감 내지는 불편함을 느끼지 않은 것으로
> 보인다.29)

> 이전과 달리 그리고 현재와도 달리 특별한 안수식은 없었다. 킹던
> 은 칼빈이 안수(laying on of hands)를 가톨릭교회가 미신적 신앙으
> 로 가게 된 주요 임무라고 판단하여 생략하게 되었을 것이라고 한
> 다.(중략) 칼빈은 사도들이 집사들에게 안수한 것(행6:6)을 해석하
> 면서 안수는 유대인들에게서부터 내려오는 전통적이며 거룩한 예
> 식이나 안수 자체로는 어떤 힘도 능력도 없는 것이며 다만 하나님
> 의 성령에 그 효과가 달려 있다고 말한다.30)

그래서 얼핏 보면 그 당시에는 장로뿐만 아니라 목사들도 안수 없
이 세워졌던 것처럼 보인다. 하지만 이 전통은 오래가지 않았다. 16세
기의 목양방식에 대해 매우 구체적으로 설명한 제2 스위스 신앙고백
(1566)에서 목사는 반드시 안수함으로 세우라고 했다.31) 그런데 여기
서 주의를 기울일 것은, 그 당시의 '목사안수'는 누구에 의해 이루어
졌는가하는 점이다. 바로 여기에서 영어로 번역된 미국 판 제2 스위
스 신앙고백의 중요한 오류가 드러난다. 영어로 옮긴 미국 판 제2 스
위스 신앙고백에서는 '장로들(elders)'에 의해 안수하라고 돼 있다.32)
하지만 이는 원래의 제2 스위스 신앙고백(1566)의 원문에는 없기 때
문에, 미국에서 삽입 및 변질 시킨 것으로 봐야한다. 16세기 당시, 스

---

29) 이정숙, "목사는 누구인가?-칼빈의 목사직 이해와 실천." 『한국교회사학회지』 23 (2008. 11): 213.

30) Ibid., 226.

31) "Et qui electi sunt, ordinentur a senioribus cum orationibus publicis, et impositione manuum. Damnamus
hie omnes,"(Schaff, The Creeds of Christendom, 280).

32) Schaff, The Creeds of Christendom, 878.

위스 교회의 구조를 볼 때, 장로들은 주로 시(市)의회의 '종교법원'에서 활동을 했고, 또한 장로들은 '선서'함으로 세워졌으며, 그 도시에서 목사들을 도와 주로 '치리'문제를 맡았는데, 장로의 임기는 1년이었다. 그들의 신분은 대체로 시의원들이기도 했기 때문에[33] 그 장로들에 대해 '안수'했을 가능성은 희박하다. 따라서 장로들이 목사들의 입회식(임직식)에서 '안수기도'했다는 것은 거의 불가능했을 것으로 여겨진다. 따라서 우리는 미국 판 제2 스위스 신앙고백의 오류를 깊이 인식할 필요가 있다.

그렇다면 칼빈이 목사에 대해 어떻게 말했는지를 살펴볼 필요가 있다. 칼빈은 목사들에 대해 다음과 같이 말했다.

> 문: 만일 이것이 그러하다면, 사람으로 하여금 우리에게 도움을 주기를 요구하는 것이 어떻게 허용됩니까?
> 답: 실지로는 그 두 가지 사이에는 큰 차이가 있습니다. 우리가 하나님에게 (도움을) 호소할 때, 우리는 선을 위해 다른 방향으로는 아무 것도 구하지 않는다는 것을, 그리고 우리가 하나님 외에는 어떤 다른 곳을 통해서도 도울 곳을 정해놓지 않는다는 것을 증언하기 때문입니다; 그러나 여전히 우리는 타인에게 도움을 구합니다. 하나님께서 우리를 도울 수 있도록 그들에게 그 권세를 주는 한 말입니다.
> 문: 당신의 견해에 의하면 오직 하나님께만 기도드리는 것과 타인에게 인간적인 도움을 호소하는 것은 모순이 되지 않습니까? 우리는 결코 인간을 신뢰하기 때문에 인간적 도움을 요청하는 것이 아닙니다. 하나님께서는 목사들[34]을, 자신의 은총을 전달

---

33) "장로들은 시의원들 중에서 매년 컨시스토리의 일을 위해 임명된 사람들이었다."(이정숙, "제네바 컨시스토리: 칼빈의 신학과 목회의 접목," 『한국기독교신학논총』 18 (2000. 8): 163).

34) 박위근과 조용석은 이 단어를 '목사들'로 번역하지 않고, '봉사자'로 번역했다(J. Calvin/ 박위근, 조용석 편역, 『요한네스 칼빈의 제네바 교회의 교리문답』 (서울: 한들출판사, 2010), 155-157). 하지만 236문에 나오는 'ministers'라는 단어는 단순한 '봉사자'가 아니라 '말씀의 봉사자'를 뜻하므로, 이는 '목사들'로 번역하는 것이 마땅하다. 또한 필자는 여기서 말하는 '사람'이나 '봉사자'가 '목사들'을 뜻하므로 본 논고에서는 일괄적으로 '목사들'로 이해한다.

하는 사람으로 사용하실 것을 결정하지 않으셨다면 우리는 목
사들에게 도움을 요청할 수 없었을 것입니다. 하나님께서는 자
신의 능력을 통하여 우리를 도와주시려고 하신다는 것을 잊지
말아야 합니다. 하나님께서는 목사들을 통하여 우리에게 복을
내리시기 때문에 우리는 목사들에게 인간적인 도움을 요청할
수 있습니까?

답: 나는 그렇게 믿습니다. 우리는 목사들로부터 받은 은혜를 하나
님께서 주신 것으로 생각해야 합니다. 하나님께서는 우리에게
목사들을 통하여 모든 것을 선사하셨기 때문입니다.[35]

위의 근거를 감안한다면 목사는 '축복(祝福)의 통로'이다. 뿐만 아
니라 하나님은 '목사'라는 수단을 통하여 교인들을 다스리신다. 따라
서 칼빈이 주장한 바를 따르면, 목사들의 독보적 권위는 인정되어야
함이 마땅하다. 특히 이러한 종류의 권리는, 장로와는 공유될 수 없는
목사 고유의 권한이다. 칼빈이 말한 목사의 권한 및 권위는 거기에
그치지 않는다. 칼빈은 목사들을 치리자로 명명했다. 칼빈은 다음과
같이 말했다.

문: 교회들은 목사들의 치리를 따라야 합니까?

답: 예, 당연히 따라야 합니다. 그리고 목사들의 입에서 나오는 복
음적 설교를 겸손히 들어야 합니다. 목사들을 경멸히 여기고,
목사들의 말 듣기를 거부하는 사람은 누구든지 그리스도를 버
리고 교회 공동체에서 신도들의 사귐을 떠나는 사람입니다(마
10:40; 눅 10:16).

문: 목사들에게 한 번 가르침을 받으면 충분합니까? 아니면 계속
가르침을 받아야 합니까?

답: 만일 열심히 추구하여 목사들의 가르침을 항상 끈기 있게 지속
하지 않는다면 시작하는 것이 의의(意義)가 없습니다. 왜냐하면

---

35) J. Calvin, "The Catechism of the Church of Geneva (1545)," in *Calvin: Theological Treatises* J. K. S.
Reid ed., (Philadelphia: The Westminster Press, 1988), 119–120.

우리는 늘 끝까지 예수 그리스도의 학도가 되어야 합당하기 때문입니다. 또 예수 그리스도께서는 자신의 이름으로 우리를 가르치기 위하여 교회에 목사들을 임명하셨기 때문입니다.[36]

이를 따라서 보더라도 교인들의 의무는 당연히 목사의 치리에 순종해야 하는 것이다. 칼빈이 목사들을 '치리자'로 명명한 것은 그의 프랑스 신앙고백(1559)에서도 드러난다.[37] 그러나 칼빈 연구에 있어서 전문가인 이양호는 다음과 같이 말했다.

칼빈은 평민 출신이지만, 어려서부터 귀족 집안의 자녀들과 교제하면서 성장하여 그 안에는 귀족적 의식이 있었다. 귀족적 평민이라는 그의 독특한 상황 때문에 그는 귀족정과 민주정의 혼합정이라는 그 나름의 특유한 정치형태를 선호 하였다. 이것은 현대적 용어로 하면 대의 민주주의이다.[38]

그래서 마치 칼빈은 민주주의의 선구자 인양 이해될 수도 있다. 그러나 민주주의는 고대 그리스에서 선행된 체제였고, 공화정은 고대의 로마가 시행했던 정치형태들 중에 하나였다. 그런데 여기서 16세기 당시, 장로를 어떤 직분으로 여겼는지를 살펴봐야 한다. 그래서 스위스의 개혁교회에서 만든 직제의 구조를 살필 필요가 있는데, 그 제도는 4중직으로서, 그것은 "목사, 신학 교수(박사), 장로, 집사"이다.[39] 여기서 주의를 기울일 것은, 1번 목사, 2번 교수, 3번 장로, 4번 집사이다. 물론 츠빙글리의 선언(1528)이나 불링거의 제2 스위스 신앙고

---

36) Calvin, "The Catechism of the Church of Geneva (1545)," 130–131.

37) Schaff, The Creeds of Christendom, 377.

38) 이양호, 『칼빈-생애와 사상』 (서울: 한국 신학연구소, 1997), 12–13.

39) J. Calvin, "Draft Ecclesiastical Ordinances (1541)," in Calvin: Theological Treatises J. K. S. Reid ed., (Philadelphia: The Westminster Press, 1988), 59–66.

백(1566)을 감안할 때 그리스도 안에서 모든 사람은 "형제"[40]이므로 평등할 뿐만 아니라 "고대 교부 시대에는 아무도 누가 누구 보다 높다고 생각하지 않았다"[41]라고 했지만 그럼에도 불구하고 기능적인 면이나 역할에 있어서는 분명하게 차이가 있다.

4중직을 볼 때 '장로'는 목사 보다 순서가 뒤에 가 있다. 그리고 목사 다음은 장로가 아니라 신학 교수였다. 그러나 오늘날 한국의 노회나 총회에서 '신학교수'는 그저 기관 목사의 하나로 등한시 되는 수가 있는데 이는 잘못이다. 스위스의 개혁교회가 추구한 4중직에서는 결코 '신학교수'를 도외시 하지 않았다. 이는 그만큼 신학의 역할을 중요시 했다고 봐야한다.

16세기 스위스에서는, 교회의 규례(Draft Ecclesiastical Ordinances, 1541)를 다룸에 있어서 '목사의 직무'에 대해 가장 많은 분량을 할애했다. 그러나 장로에 대해서는 한 페이지 가량의 설명으로 마감했다.[42] 반면 집사에 대한 설명은 장로의 직임에 대한 설명 보다 더 길다.[43] 이로 볼 때 과연 그 당시 '교회의 규례들(1541)'이 장로의 기능에 대해 어떻게 생각했었는지를 살펴봐야 한다. 거기서 구상 했던 장로의 직분은 다음과 같다.

1. 삶에 있어서 모범을 보이며, 타인을 지도할 수 있는 사람.
2. 소(小)위원회에서는 두 명을 선택하고, 60인 위원회에서는 4명을, 그리고 200인 위원회에서는 6명을 선택하는 것이 좋을 것 같다.
3. 하나님을 두려워하며, 도시에서 모든 사람들을 감시한다.

---

40) C. Philip Schaff, *The Creeds of Christendom*, vol. 3 (Michigan: Baker Books, 1931), 208.

41) Schaff, *The Creeds of Christendom*, 283.

42) Calvin, "Draft Ecclesiastical Ordinances (1541)," 63-64.

43) Calvin, "Draft Ecclesiastical Ordinances (1541)," 64-66.

4. 목사들의 소환을 받아야 선출될 수 있다(즉 목사들의 개입 없이
   는 선출될 수 없다).
5. 일 년에 한 번은, 년 말에 반드시 컨시스토리의 구성원들(seigneury)
   로부터 그 직무(장로)를 계속 수행하게 할 것인지, 그만 두게 할
   것인지를 허락받아야 한다. 그러나 부당하게 그 직무를 그만 두
   게 해서는 안 된다.[44]

이와 같은 의도를 풀이하면 다음과 같은 뜻이 된다.

첫째, 장로는 시민회의 또는 시의회의 위원회에서 선임되었고, 장
로의 직무는 시(市)에서 이루어졌다. 즉 오늘날과 같이 교인들의 투표
에 의한, 직접선거가 아니라 시의회의 위원회에서 일방적으로 선임한
간접선거였다. 둘째, 그럼에도 불구하고 장로는 목사들의 소환 하에
선출 될 수 있었다. 셋째, 장로는 시의회가 관리했던 직임임에도 불구
하고 그 임기에 관한 심의는 컨시스토리(seigneury)에서 이루어졌으므
로, 장로의 임기 년 한에 대해 목사도 개입할 수 있었다. 그래서 그
당시에는 엄밀하게 말하면 당회도 노회도 없는 셈이었다. 다만 시의
회와 교회와의 유기적 협력이 있었을 뿐이었다. 그러므로 한국의 경
우, 이 점을 숙고해야 한다. 스위스의 개혁교회가 창안한 장로들의 임
기는 1년이었다. 물론 재신임을 받을 경우에는 임기가 연장되었다.
따라서 16세기 제네바에서의 장로들은 철저하게 임시직이었다. 그러
나 한국에서는 바로 이 부분에 있어서 거꾸로 되어 있다. 즉 노회에
소속된 회원인 목사는 임시직이고, 개혁교회에서 임시직으로 정해 놓
았던 장로는 항존직이 되어 있다. 이야말로 제네바 개혁교회의 뜻과
는 정반대되는 현상이다. 즉 오늘날 한국에 있어서 통합 측의 경우,

---

44) J. Calvin, "Draft Ecclesiastical Ordinances (1541)," in *Calvin: Theological Treatises* J. K. S. Reid ed.,
   (Philadelphia: The Westminster Press, 1988), 63-64.

부목사는 1년에 한 번씩 청빙을 받아야 하고, 임시목사는 3년에 한 번씩 청빙을 받아야 한다.[45] 합동측의 경우에는 임시목사일 경우, 임기가 1년이며, 재(再)청빙을 받을 때에는 공동의회에서 3분의 2이상의 지지를 받아야 한다.[46] 반면 장로는 계속 그 지위가 보장된다. 즉 한 번 선출되면 그 자리는 그대로 유지된다.

바로 이것이 제네바의 개혁교회가 창안한 제도와는 결정적으로 반대되는 것이었다. 다시 말해 임시직이어야 할 장로는 항존직이 되어 있고, 항존 직분자로서, 노회의 회원이며, 노회에서 공식적으로 파송받아야 할 목사가 오히려 임시직이 되고 만 것이다. 그런데도 한국에서는 '목사의 독재'를 우려하는 목소리가 있다. 그러나 목사의 독재를 제도상의 문제 때문으로 볼 수는 없다. 유럽이나 미국의 사례들과 비교할 때 한국의 칼빈파 교회처럼 목사에게 불리한 법을 적용한 나라는 없기 때문이다. 그런데 무엇 때문에 한국에서는 목사의 독재를 우려했을까? 이는 제도상의 문제 때문은 아니라고 봐야한다. 개개 실존의 인간성에 있어서의 문제였거나 관습상의 문제였다.

과거의 제도를 연상해 보자. 임시목사나 전도사의 임기는 1년이었다. 예장 통합 측의 경우, 최근에야 비로소 임시목사의 임기를 3년으로 개정했다. 그랬다면 교인들의 입장에서 볼 때, 교역자는 해마다 재(再)청빙을 받아야 했다는 말인데, 장로들이나 교인들은 그 제도를 악용하여 목사를 내쫓는 근거로 활용했을 수도 있다. 이럴 경우, 목사는 장로의 비위를 거스르기 어렵게 된다. 그러면서 비공식적 방법이라고

---

45) 대한예수교장로회, 『헌법』, 176-177.
46) 대한예수교장로회총회, 『헌법』, 157. 그러나 합동측의 경우, 조직교회일 때에는 위임목사를 청함이 원칙이다(대한예수교장로회총회, 『헌법』, 157).

할 수 있는 일명 '부흥회'로, "목사에게 잘 하시오."라든가, "목사에게 잘못하면 벌 받습니다."라는 종류의 말들을 통하여 공포를 조성해 왔다. 즉 정상적 방법47)으로는 목양이 어렵도록 만들어 놓은 점도 있다. 따라서 목사들은 어쩔 수 없이, 편법을 쓸 수밖에 없도록 강요를 당한 것이나 마찬가지이다. 즉 칼빈시대나 외국의 사례들과 비교할 때, 한국의 경우에는 법 자체가 목사에게 불리했기 때문에, 결과는 교인들 개개 실존의 양심이나 도덕성에 의존한 경향이 있었다. 그러나 미국의 경우만 하더라도 장로는 임시직이다. 뿐만 아니라 미국의 경우, 장로는 한국처럼 특이한 계층에 속하기 어렵다. 즉 미국에서는 청년이나 청년 회장도 장로를 한다. 또 미국에서는 장로를 해 본 사람들의 수가 많다. 즉 웬만하면 한 번씩 장로의 직분을 돌아가면서 맡을 수 있다고 한다. 이와 견줄 때 한국의 장로들은 특권을 누리고 있다. 장로가 70세에 은퇴하는 항존직은 서구나 미국 칼빈파 교단의 사태가 아니라 한국에서나 볼 수 있는 기이한 현상이다. 그렇다면 성직자와 섬김의 도를 강조한 다른 사례를 찾아보자. 막기는 다음과 같이 말했다.

> 로마 카톨릭 교회의 교황청은 가장 절대적이며 군주적인 형태의 대표입니다. 그런데 이러한 카톨릭 교회가 민주국가들에 자리 잡고 있으며 다른 국가들과도 협약을 맺고 있습니다.(중략) 교황권을 생각해 보십시오. 한편 신자들과 항상 의논하며 그들이 기꺼이 가고자 하는 길로 이끌며 하나님의 종들에게 전적으로 봉사하는 교황을 생각해 보십시오. 만약 이런 지도자가 이끄는 교회라면 민주주의에 가장 큰 영향력을 미칠 수 있을 것입니다. 왜냐하면 교회는

---

47) 여기서 말하는 '정상적 방법'이란? 헌법에 근거하고, 교리에 근거하며, 16세기 제네바의 개혁교회가 시행한 목양의 원리를 뜻한다.

좋은 예를 실제로 보여 줌으로써 '목회자들'이 지배하는 것이 아니고 사람들에게 봉사하며 모든 사람이 자유와 존엄성을 지녀야 한다는 민주주의의 핵심적인 특징을 성숙시킬 것이기 때문입니다.[48]

그러나 위와 같은 말이 한국 개혁교회의 상황과 어울릴 수는 없다. 왜냐하면 교황은 본질적으로 계층의 최상위에 있으며, 로마 가톨릭교회에는 여전히 성직자들의 계급이 존재하기 때문이다. 그렇다면 칼빈 시대의 치리 사례에 관해 살펴보자.

> 종교법원의 핵심 내용은 칼빈의 초점에서 벗어나 있었다. 종교법원은 기독교의 전통을 잃어버렸다.(중략) 1537년 1월 16일에 "제네바의 예배와 교회의 기구는 목사들의 회에 의해서 (그 구조가) 짜여졌다(발의되었다)."(중략) 당회(노회)에서 파송(선택)된 몇 명의 목사들은, 결혼문제에 대한 판관(判官)으로 포함되어 있었다. 확실히 목사들과 함께 협의 하였다.[49]

이와 같은 말은 그 당시 '종교법원(consistory)'의 구조를 이해해야 알 수 있다. 그 당시의 종교법원에서는 목사가 아니라 시민행정관들에 의해 치리가 이루어졌다. 16세기 스위스의 '종교법원(consistory)'에서는 다음과 같은 원칙이 있었다.

> Sometimes one of the elders or ministers also intervenes, but in principle this is task of the syndic.
> 때때로 장로들이나 목사들도 끼어들 수 있었다. 그러나 원칙은 (시민)행정관의 일이다.[50]

---

48) J. P. Mackey/ 김동건 편역, "기독교 교회와 세속국가," 『신학과 목회』, IX (1995. 4): 57.

49) Edited by R. M. Kingdon and T. A. Lambert and I. M. Watt, *Registers of the Consistory of Geneva in the Time of Calvin*, Translated by M. W. McDonald, vol. 1, (Grand Rapids: Wm. B. Eerdmans Publishing Co., 2000), XXIII-XXIV.

이 말은 종교법원에서의 '치리' 또는 '판결'은 시민행정관(syndic)[51] 들에 의해 이루어졌음을 뜻한다. 그럼에도 불구하고 그 종교법원에서 조차도 목사들의 치리권이 영향을 미쳤다는 말이다. 따라서 16세기 당시 목사들의 권위는 높았으며, 목사들의 권력도 약하지 않았다. 즉 목사의 직임이 설교와 성례, 교리교육뿐만 아니라 종교법원에서의 치 리까지도 영향을 미칠 수 있었다.[52] 이러한 칼빈시대의 목양 및 치리 방식은 부스마의 말과도 견주어 볼 수 있는데, 부스마는 다음과 같이 말했다.

> 칼빈은 "모든 인간 사회에서 공동적 평화를 증진하고 일치를 유지 하기 위해 어떤 형태로든 조직이 필요하다"고 믿었다. 그런데 조직 은 "특히 교회들에 있어야 하는데, 교회들은 모든 것들이 질서 잡 힌 구조아래 있을 때 가장 잘 유지되며, 일치가 없다면 전혀 교회 가 되지 못한다."(중략) 교회도 역시 질서(la police)를 필요로 한다. (중략) 그래서 이상적으로 말해서 목사와 관리는 교회적인 집단인 동시에 정치적인 집단인 한, 집단에서 병존하는 직임자들인 것같이 보인다.[53]

> 그의 열성은 구교회의 권징에 대한 프로테스탄트의 공격이 무정부 상태를 초래할지 모른다는 두려움 때문에 강화 되었다. 그는 활동 초기에 "민중도 제후도 그리스도의 멍에와 교황의 폭정사이를 구 별하지 못합니다."하고 탄식했다. 많은 사람들이 "그리스도의 멍에 를 벗어버리고 어떤 권징도 받아들이려 하지 않는다. 그들은 비록 종교개혁이라는 이름을 대담하게 사용하지만 모든 질서를 뒤엎기 를 원한다."[54]

---

50) Edited by R. M. Kingdon and T. A. Lambert and I. M. Watt, *Registers of the Consistory of Geneva in the Time of Calvin*, Translated by M. W. McDonald, vol. 1, (Grand Rapids: Wm. B. Eerdmans Publishing Co., 2000), XXIX.

51) 이정숙은 이 말을 '행정장관'으로 옮긴다(이정숙, "제네바 컨시스토리," 164).

52) 이정숙, "제네바 컨시스토리," 162-164.

53) Bouwsma, 『칼빈』, 508-509.

이를 따라서 볼 때 칼빈은 결코 무질서를 용납한 사람이 아니었다. 즉 칼빈은 권징의 필요성을 잘 알았다. 부스마는 다음과 같이 말했다.

> 칼빈은 공동체 내에 권징을 지속시키기 위해 제네바에 사적으로
> 모이는 "장로들"의 당회를 창설하여 "그들이 군중들이 없는 자리
> 에서 토의함으로써 좀 더 질서가 있도록 했다." 그는 [교회와 국가
> 와의] 병립적 통치개념을 보존하려고 노력하는 중에 장로와 교회
> 와의 관계는 의회와 시(市)와의 관계와 같다고 설명했다. 그러나
> 이 병립적 설명은 잘못된 것이다. 왜냐하면 칼빈의 체계에 있어서
> 장로들은 사실상 이전에는 의회에 속했던 주된 책임을 맡았기 때
> 문이다. 이에 첨가해서 교회의 전 교인들이 다른 사람들의 행동을
> 책망하고 교정할 의무가 있었다.(중략) 그는 원한 관계 때문에 비
> 난하게 되는 경우가 비일비재함을 알았으며, 그는 "우리가 악덕들
> 을 꼭 비판해야 할 경우 우리는 자기 자신부터 살펴보는 것을 잊지
> 말아야 하며 그래서 자신의 약점들을 생각하면서 다른 사람들에
> 대해 온건하게 대하도록" 규정했다. 우리는 사실들을 확인하고 신
> 중하게 판단해야 한다.[55]

이를 따른다면, 사실상 장로들의 직무는 시의회와 연관 되어 있었다. 따라서 장로가 교회일 때문에 목사와 마찰을 일으킬 가능성은 희박했을 것으로 보인다. 장로들의 직무는 주로 '종교법원'과 시의회에서 이루어졌다. 따라서 그 당시의 구조 안에서는 오늘날 한국에서 볼 수 있는, 그런 형태의 목사와 장로사이의 갈등이 없었을 것이다. 만약 16세기 스위스에서 목사와 장로가 갈등을 일으켰다면, 그 사안은 아마도 '치리'에 한정 되었을 터인데, 그 일은 주로 '종교법원(consistory)'에서의 직무 때문이었을 것으로 여겨진다. 그런데 실상은 종교법원에서의 갈등은 목사와 장로사이에 있었던 것이 아니라 목사와 시민행

---

54) Bouwsma, 『칼빈』, 510.

55) Bouwsma, 『칼빈』, 510-511.

정관(syndic)사이에서 두드러졌다고 한다.56) 따라서 그 당시에는 목사
와 장로와의 갈등 구조가 성립되지 않았거나 갈등이 있었더라도 약
했을 것으로 추측한다. 바로 이 점이, 오늘날의 한국교회의 상황과 16
세기 스위스의 행태와의 중요한 차이라고 할 수 있다. 물론 그 당시
에는 장로들의 사적인 모임이 있었듯이 목사들의 모임도 있었다.57)
그 당시의 목사들은 매주 주기적으로 모임을 가졌다.58) 즉 오늘날의
한국교회와 같은 개(個)교회주의를 한 것이 아니라 제네바 시의 전반
적인 목양의 문제를 목사들이 함께 논의 했었다.

그렇다면 칼빈이 목사의 권위에 대해 어떻게 이해했는지를 살펴보자.

> 그는 자기의 성직자주의를 여러 방식으로 변호했다.(중략) 사제적
> 권위는 "교회의 선을 위한 필수적 굴레"로서 필요하다고 그는 생
> 각했다. 그는 또한 사제직의 부성적(父性的)권위에 호소했다.(중략)
> "말씀의 사역자의 지위를 가지고 있는 사람들은 여러분의 영혼을
> 다스릴 책임을 맡았기 때문에 여러분은 부모의 관계로 대해야 하
> 며, 그들이 주님의 부름을 받아 여러분들 가운데서 행하는 봉사를
> 존중하고 존경해야 합니다." 그는 또한 널리 알려진 중세적 이미지
> 를 사용하여 성직자를 교회의 "영혼"으로 (때때로 칼빈은 심장으로
> 묘사하기도 한다!) 평신도를 단순히 교회의 몸으로 묘사했다. 칼빈
> 은 되풀이해서 평신도 위에 있는 성직자의 권위를 인정했다.(중략)
> 제네바의 성직자들은 평신도로 구성된 시의회가 교회를 지배하려
> 고 하는 데 대항해서 "용감하고 대적할 수 없는 열성으로" "침해해
> 서는 안 되는 거룩한 권세"를 위해 싸웠다.59)

---

56) 이정숙, "제네바 컨시스토리," 164.

57) 박경수/ 김종렬 엮음, "교회의 교사 칼뱅의 생애와 사상." 『2011 예배와 강단』 (서울: 기독교문사, 2010),
39와 비교.

58) 이정숙, "목사는 누구인가?-칼빈의 목사직 이해와 실천." 226.

59) Bouwsma, 『칼빈』, 513-514.

이를 따라서 본다면 칼빈은 목사의 권위를 충분하게 인정했다. 그리고 16세기 스위스의 목양방침은 특별히 목사들의 말씀 선포에서 두드러졌다. 즉 "목사의 설교는 하나님의 말씀"[60]일 뿐만 아니라 말씀의 권위가 선포자의 자질에 국한되지 않음을 인정했다. 제2 스위스 신앙고백(1566)의 경우에는 다음과 같이 말했다.

> 우리는 그리스도의 음성이 사악한 목사의 입을 통해서 나오더라도 그것에 귀를 기울려야 할 것을 안다. 성례전이란 그리스도의 제정의 말씀에 의하여 성화되기 때문에 비록 합당치 못한 목사들이 그것을 베풀더라도 믿는 성도들에게 효력을 일으킨다는 사실을 우리는 알고 있다. 이 문제에 관하여는 하나님의 복을 받은 종 어거스틴이 성경에 근거하여 여러 차례 도나티스트들을 반박하였다.[61]

결국 이 말은 예전의 권위나 효력이 집례자의 자질이나 도덕성에 의해 좌우 될 수 없음을 뜻한 것이다.[62] 보다 자세하게 말하자면 교회에서는 물론이거니와 그 어떤 세상의 권력도 함부로 점할 수 없는 것이 목사들의 권위이다.[63] 따라서 오늘날의 한국과 같이, 개 교회의 몇 장로들이 목사들을 곤경에 빠뜨릴 수 있었던 사태는, 종교개혁 시대의 의도나 제2 스위스 신앙고백의 의도와는 무관했다. 그랬다면 16세기의 스위스에서 교역자들을 견제할 수 있는 법적 장치는 없었을까? 이에 대해 제2 스위스 신앙고백에서는 다음과 같이 말했다.

---

60) Schaff, *The Creeds of Christendom*, 237-238.

61) Schaff, *The Creeds of Christendom*, 285; 이형기, 『세계개혁교회의 신앙고백서』 (서울: 한국장로교출판사, 1991), 190.

62) Hrsg. von Erwin Fahlbusch, *Taschenlexikon, Religion und Theologie* Bd. 4, 3. Aufl., (Goettingen: 1978), 11-12와 비교.

63) "아무도 교역자들의 영예를 침범해서는 안 된다."(Schaff, *The Creeds of Christendom*, 280; 이형기, 『세계개혁교회의 신앙고백서』, 183).

그럼에도 불구하고 목사들(ministros)을 위한 적절한 치리가 있어야 한다. 대회 안에서는(in synodis) 목사들의 가르침과 삶을 주의 깊게 검토해야 한다. 교정될만한 범법자들은 목사들(pastores)[64]에 의하여 견책 받아야 하고, 올바른 길로 인도 되어야 한다.[65]

이를 따른다면 목사에 대한 견책도 가능했다. 그러나 목사에 대한 '치리'는 대회 안에서 자정적(自淨的)으로 이루어져야 한다. 그래서 목사들에 대한 견책을 개 교회나 개 교회의 어느 장로가 마음대로 집행할 수는 없었다. 뿐만 아니라 목사에 대한 견책은 그 사유가 정당해야 한다. 이를테면 '범법자'일 경우에 해당한다. 따라서 이 규정을 목사들의 권위를 낮춘 것으로 볼 수는 없다. 공화정의 행태에서는 누구라도 범죄 사실이 있을 때에는 법의 심판을 받아야 하기 때문이다. 따라서 16세기 스위스의 개혁교회에서는, 오늘날 우리가 한국에서 볼 수 있는, 그런 형태의 장로 제도를 만들지는 않았다. 스위스의 개혁교회가 추구한 제도의 순서는 '목사와 신학 교수'에게 우위가 있었다.[66] 그러나 한국에서는 이 순서를 바꾸려 했다. 16세기의 구조를 살필 때, 교회의 치리권은 목사들에게 있었다. 16세기 제네바의 목사들은 시(市)에 소속된 공무원이었다.[67] 그것도 고위직 공무원에 해당한다. 이

---

64) 이형기는 이 단어를 '장로들'로 번역하였는데, 결정적인 오역(誤譯)이다. 'pastores'는 '목자(牧者)'를 뜻한다. 따라서 이 단어는 '목사'로 번역함이 마땅하다. 영어로 번역 된 미국 판 제2 스위스 신앙고백에서는 라틴어 원문에 없는 "of the elders"라는 말을 삽입하였다(Schaff, *The Creeds of Christendom*, 884). 영어로 옮겨진 미국 판 신조들에서는 이와 같은 종류의 삽입 및 변질의 사례들이 더러 있다.

65) Schaff, *The Creeds of Christendom*, 285; 이형기, 『세계개혁교회의 신앙고백서』, 190.

66) 한국에서는 '은퇴 장로'나 '원로 장로'라는 말까지 쓴다. 그러나 16세기 당시, 스위스에서의 장로들은 철저한 임시직인데다, 주로 시의원들이었기 때문에 '은퇴 장로'나 '원로 장로'라는 종류의 말들이 나올 수 없는 구조였다. 다만 '은퇴 목사'나 '은퇴 교수'는 가능했다. 이정숙은 다음과 같이 말했다: "우리는 집사 다음에 장로로 선출되는 것이지, 장로가 다시 집사가 되는 법은 없다. 그런데 이 당시 직분은 철저히 직무상의 기능이었기 때문에 장로로 섬기던 이가 집사가 되기도 했다."(이정숙, "칼뱅의 제네바 목회로부터 '종합적 목회'배우기," 『종교개혁과 칼뱅』 4 (2010. 10): 259).

67) 이정숙, "목사는 누구인가?-칼빈의 목사직 이해와 실천," 226.

정숙은 16세기 당시 스위스에서 목사를 뽑는 일은 신중하게 이루어
졌고, 또 목사가 되는 일은 어려운 과정을 통해 가능했다고 한다.[68]
그러나 이는 당연한 귀결이다. 고위직 공무원이 되는 일인데, 어찌 그
과정이 쉽게 이루어 질 수 있다는 말인가?

Ⅲ. 나가는 말

이상의 연구 결과를 따르면 16세기 스위스의 제네바에서 행해진
목양의 형태는 목사가 '섬김의 종'이라든가, 평신도의 역할이 '만인
교역자론' 식으로 이해된 것은 아니었다. 16세기 제네바의 행태를 따
르면 목사는 '치리자' 즉 통치자였으며, 판관(判官)이었다. 다시 말해
교인들을 다스리고 교육하는 사람이었지, 교인들을 '섬기는 종'이 아
니었다. 당연히 공화정의 형태를 추구한 스위스의 제네바에서 그랬
다. '목사(minister)'라는 말이 '종(servant)'이라는 의미를 가질 때에는
'하나님과의 관계'에 있어서 '말씀을 위한 종'이었지, '인간을 위한
종'이 아니었다. 따라서 '만인제사장론'의 오용으로 인한 '만인교역자
론' 식의 이해는 옳지 않다.

오늘날 한국의 칼빈파 교단에서 명시한 목사와 장로, 혹은 집사 등
에 관한 이해는 칼빈시대의 제네바와는 차이가 크다. 그런데 오늘날
의 한국 일부에서는 '목사의 독재'를 우려한다. 그러나 분명한 것은
지(肢)교회들의 상황으로 들어가 보면 '장로들의 횡포'로 인한 사례들
도 적지 않음을 발견할 수 있다. 따라서 교회의 직임에 있어서 '목사

---

68) 이정숙, "목사는 누구인가?–칼빈의 목사직 이해와 실천," 225–226; 이정숙, "칼뱅이 그린 목회: 어머니
가 자식을 품듯이,"『종교개혁과 칼뱅』 4 (2010. 10): 245–246.

계층'만을 겨냥하여 예리한 비판들을 쏟아내는 학계나 교계 또는 사회의 비판들을 무작정 수용할 수만은 없다.

1937-1944년대의 판례를 살필 때 평안도 '선천'지방의 교회에서는 '목사'가 '장로'의 직무 수행을 정지시킬 수 있었으며, 또한 투표가 아닌, 목사가 장로후보자를 '지목(指目)'함으로, 노회의 인준을 받아 장로를 세운 사례를 찾을 수 있었다.[69] 즉 일제시대 말까지만 해도 목사의 권한으로 장로를 '정직(停職)'시킬 수 있었음을 의미한다. 그러나 광복이후 교파가 갈라지면서, 특별히 진보진영을 중심으로 한, 소위 '교회의 민주주의'라는 인식으로 말미암아 장로나 평신도의 권위나 권리가 강화 된 것으로 보인다. 물론 교회의 관습도 일제시대의 행태와는 달랐다. 그러나 16세기 스위스의 경우에는 공화정을 추구했음에도 불구하고 목사의 권위에 대해서만큼은 충분할 정도로 인정했다. 스위스의 개혁교회에서는 '장로' 때문에 '목사'의 목양이 어려울 정도로 구조를 취약하게 만들지는 않았다. 만약 한국에서 목사의 목양이 심히 어렵다거나 목사의 독재가 우려된다면 그것은 16세기 스위스의 개혁교회의 방침을 제대로 해석하지 못한 탓일 것이다.

이와 같이 본 연구에서는 16세기 제네바의 목양방식을 통하여 현대 한국교회의 문제점을 살펴보았다. 그러나 한국은 스위스나 네덜란드의 칼빈파 선교사들로부터 직접 복음을 전해 듣지 않고, 미국 칼빈파 소속 선교회들로부터 복음을 전수했다. 따라서 본 연구의 후속과제로는 유럽의 칼빈파와 미국 칼빈파와의 비교를 꼽을 수 있다. 유럽에서 만들지 않았던 조항들이 미국의 신조들에서는 삽입되거나 변질

---

69) 전택부, 『토박이 신앙산맥』, 3 (서울: 대한기독교출판사, 1992), 124-133.

시킨 사례들이 있다. 따라서 미국 칼빈파 교회의 격률들과 유럽 칼빈파 교회의 격률들과의 차이점에 대해서는, 앞으로 연구해야 할 과제로 남아 있다.

참고문헌

김동건, 박정호, 김종복.『신학이 있는 묵상』. 2. 서울: 대한기독교서회, 2008.

김지호. "존 칼빈의 교회론 연구."『칼빈논단』 28 (2009. 3): 193-223.

김진경. "루터, 칼빈 그리고 웨슬리의 교회론 고찰." 감리교신학대학교 신학대학원 석사학위 논문, 2002.

김화민. "루터의 만인제사장론에 대한 개혁교회의 바른 직분론." 안양대학교 신학대학원 석사학위 논문, 2008.

대한예수교장로회.『헌법』. 서울: 한국장로교출판사, 2007.

대한예수교장로회총회.『헌법』. 서울: 대한예수교장로회총회 출판부, 2005.

박경수. "교회의 교사 칼뱅의 생애와 사상."『2011 예배와 강단』. 김종렬 엮음: 7-43. 서울: 기독교문사, 2010.

박희영. "칼빈의 교회론: 그의 직제론과 한국 장로교회 직제론의 비교 연구." 계명대학교 석사학위 논문, 2002.

배경식. "칼빈의 교회론이 한국교회에 주는 의미."『신학과 과학』 5회 한국조직신학자 전국대회(2010. 4): 60-74.

배광식. "장로교 정치원리와 치리제도 형성에 관한 역사적 연구." 계명대학교 박사학위 논문, 2005.

안은찬. "장 칼뱅의 목회신학과 그 적용 가능성 연구." 총신대학교 박사학위 논문, 2007.

양한계. "루터의 만인제사장론과 평신도의 재발견." 경성대학교 석사학위 논문, 2008.

오혁진. "만인제사장적 사고와 장애인 이해: 경건주의를 중심으로." 한세대학교 신학대학원 석사학위 논문, 2002.

윤은수. "개혁신학에 나타난 '권징'에 대한 역사적 고찰." 계명대학교 박사학위 논문, 2009.

이광호. "만인제사장 이론에 대한 새로운 이해와 고찰."『한국개혁신학』 14 (2003. 10): 356-381.

이양호.『칼빈-생애와 사상』. 서울: 한국 신학연구소, 1997.

_____. "종교개혁과 목회자상."『연세목회자 신학세미나 강의집』 16 (1997. 6): 87-100.

이정숙. "제네바 컨시스토리: 칼빈의 신학과 목회의 접목."『한국기독교신학논총』

18 (2000. 8): 159-185.

_____. "출교에 관한 존 칼빈의 신학과 제네바 컨시스토리의 활동." 『최근의 칼빈연구』 한국칼빈학회 엮음: 306-329. 서울: 대한기독교서회, 2001.

_____. "목사는 누구인가?-칼빈의 목사직 이해와 실천." 『한국교회사학회지』 23 (2008. 11): 207-235.

_____. "칼뱅이 그린 목회: 어머니가 자식을 품듯이." 『종교개혁과 칼뱅』 4 (2010. 10): 238-250.

_____. "칼뱅의 제네바 목회로부터 '종합적 목회' 배우기." 『종교개혁과 칼뱅』 4 (2010. 10): 251-263.

전택부. 『토박이 신앙산맥』. 3. 서울: 대한기독교출판사, 1992.

정홍열. "한국교회의 바람직한 목회자상." 『한국조직신학논총』 20 (2008. 6): 11-38.

_____. "루터의 만인제사장직." 『신학과 선교』 9 (2005. 12): 177-193.

조영승. "루터의 교회론과 기독교 한국루터회." 루터대학교 신학대학원 석사학위 논문, 2007.

최범황. "목회자의 권위에 대한 기독교 윤리학적 연구." 감리교신학대학교 신학대학원 석사학위 논문, 2002.

최윤배, 주승중. 『교회를 섬기는 청지기의 길: 장로의 책임과 역할』. 파주: 성안당, 2008.

Bouwsma, W. J./ 이양호, 박종숙 옮김. 『칼빈』. 서울: 나단, 1991.

Calvin, J./ 박위근, 조용석 편역. 『요한네스 칼빈의 제네바 교회의 교리문답』. 서울: 한들출판사, 2010.

Calvin, J. "The Catechism of the Church of Geneva (1545)." in *Calvin: Theological Treatises,* J. K. S. Reid ed., 83-139. Philadelphia: The Westminster Press, 1988.

_____. "Draft Ecclesiastical Ordinances (1541)." in *Calvin: Theological Treatises.* J. K. S. Reid ed., 56-72. Philadelphia: The Westminster Press, 1988.

Mackey, J. P. "기독교 교회와 세속국가." 김동건 편역. 『신학과 목회』 IX (1995. 4): 55-68.

Philip Schaff, C. *The Creeds of Christendom.* vol. 3. Michigan: Baker Books, 1931.

Kingdon, R. M. and Lambert, T. A. and Watt, I. M. ed. *Registers of the Consistory of Geneva in the Time of Calvin.* Translated by M. W. McDonald, vol. 1. Grand Rapids: Wm. B. Eerdmans Publishing Co., 2000.

Fahlbusch, Erwin von. *Taschenlexikon, Religion und Theologie.* Bd. 4. 3. Aufl. Goettingen: 1978.

16·17세기 브리타니아의 치리서들에 나타난 항존직

공헌배

Ⅰ. 들어가는 말

1. 연구의 목적

본 연구의 목적은 16·17세기 브리타니아의 치리서들에 나타난 직무를 살핌으로써, 한국교회의 항존직(恒存職)에 대해 제언하는 데 있다.

한국교회의 직분자들은 종신직(終身職)에 가깝다. 목사, 장로, 집사 모두 그렇다.[70] 그러나 이는 16세기 스위스의 제네바 교회와는 그 구조가 판이(判異)하며, 17세기 브리타니아 교회의 구조와도 다름을 알 수 있다. 그런데 일부의 학자들은 칼빈시대에는 임기제를 했던 장로의 직분이 제2 스코틀랜드 치리서(1578)때부터 바뀌어 장로가 종신직이며, 안수에 의해 세워졌다고 주장하기도 하고, 웨스트민스터 정치모범(1645)에서도 그렇게 되어 있다고 주장하기도 한다. 그래서 한국교회가 마치 브리타니아의 칼빈주의 정치원리 때문에 오늘날과 같은 종신 또는 항존직의 형태를 띠기라도 한 듯이 이해되게끔 했는데, 물

---

70) 한국교회에서는 은퇴한 후에도 '은퇴 목사' 또는 '은퇴 장로'라는 말을 쓴다. 그래서 죽을 때까지 그 직명이 따라가며, 죽은 후에도 비명에 목사, 장로, 권사라는 명칭을 붙여 주기도 한다.

론 이는 오해(誤解)이다. 본 논문에서는 그러한 이해가 왜 잘못되었는 지를 규명하겠다.

2. 선행(先行)연구

임희국은 다음과 같이 말했다.

> 스코틀랜드 개혁교회에서는 1560년의 '교회치리서'를 통하여 장로 는 목사의 지명과 회중의 선거에 의해 선출되도록 했다. 임기는 1 년이었다. 그리고 1578년에 제정된 '제2 교회치리서'에서는 장로를 종신 안수직으로 규정하였다. '웨스트민스터 교회 정치지침서'에서 도 장로를 종신직으로 규정하였다. 그 이후, 스코틀랜드 개혁교회 는 목사와 장로를 동등한 직분으로 보고 목사를 '가르치는 장로'로 부르고, 일반 장로를 '치리 장로'로 부르기 시작했다[71]

물론 이는 사실과 다르다. 이와 유사한 종류의 주장은 배광식에게 서도 드러난다. 배광식은 브리타니아의 장로제도에 대해 다음과 같이 말했다.

> 장로들의 직위는 격상 되었으나 목사들을 권징할 수 있는 그들의 권한은 없어졌다. 장로직은 평생직이 되었고, 안수례로 임직을 받 았다. 하지만 이와 같은 변화에는 실천적인 이유가 있었다. 즉, 교 회가 왕의 지배하에 들어갈 위험에 처해 있어서 교회를 국가권력 의 간섭으로부터 보호할 필요를 느꼈다. ... 그런데 안수례는 곧 바로 일반화 된 것이 아니라, 17세기에도 다양성을 보였다.[72]

---

71) 임희국, 『하늘의 뜻, 땅에 심는 성내교회 100년사』 (풍기: 성내교회 100년사 편찬위원회, 2009), 39.
72) 배광식, 『장로교정치 통전사』 (용인: 킹덤북스, 2011), 143.

그러나 배광식은 이러한 주장을 함에 있어서 2차 자료에 의존하고 있다.[73] 배광식은 "멜빌은 이와 같은 주장을 제1치리서와 비교하여"[74]라고 했는데, 설령 멜빌이 그러한 생각을 하였다고 해도, 이것이 격률 화 되어 있지 않았다면, 법적 효력을 갖지 못한다. 즉 배광식은 제2 스코틀랜드 치리서(1578)를 통하여 그러한 주장을 해야 했지만 그의 주장은 그렇지 않다. 배광식은 다음과 같이 말했다.

> 한국 장로교회의 뿌리는 근원적인 측면에서는 칼빈의 신학에, 조직교회로서의 제도적인 측면에서는 스코틀랜드 장로교회에, 신앙고백에 있어서는 '웨스트민스터 신앙고백서'에 근거한다고 볼 수 있다.[75]

라고 하여, 한국 장로파 교회의 전통이 마치 서구의 칼빈파 교회와 흡사한 듯 여겨지도록 만들었다. 그러나 이는 사실과 다르다. 본 논문에서는 한국 장로파 교회의 헌법이 서구교회의 치리서들과는 어떤 차이점들이 있는지를 밝히겠다.

> 더글라스 머레이(Douglas Murray)는 이러한 이론에 근거를 두고 장로직이 격상되어 목사직과 장로직이 동일한 직분이 되어 목사를 가르치는 장로로 그리고 장로를 치리 장로로 구별한 것이라고 했다. 장로직에 대한 기능상의 차이점은 스코틀랜드 개혁교회는 물론 전 세계 개혁교회들 가운데 깊이 파고들었다.[76]

이와 같은 배광식의 이해에 대해서는 동의하기 힘들다. 여기서 배

---

73) Ibid., 151.
74) Ibid., 143.
75) Ibid., 21.
76) Ibid., 143-144.

광식은 '동일한 직분'이라는 말을 썼기 때문이다. 그런데 제2 스코틀랜드 치리서와 웨스트민스터 정치모범에서 목사와 장로와는 구별적 직분이다. 즉 역할에 있어서 차이가 크며, 장로직의 개념에 대한 차이도 크다. 물론 배광식은 "기능상의 차이점"이라는 말을 사용함으로써, 차별성도 포함했다. 그렇다면 '동일한 직분'이라는 말은 옳지 않다. 왜냐하면 목사와 장로는 직무에 있어서는 차이가 있기 때문이다. 그래서 보다 더 정확하게 표현할 수 있다면 '동일한 신분'이 되어야 할 것으로 보인다. 그런데 제2 스코틀랜드 치리서를 따르면 목사와 장로만 동일한 신분이 아니라 목사와 집사도 동일한 신분이다. 즉 목사, 장로, 집사가 모두 동일한 신분이다.[77] 그러나 이는 그다지 특별한 말이 아니다. 왜냐하면 종교개혁의 전통에 있어서는 평등성을 주장했거나 계급적 구별이 약화되었거나 그러한 차별성들이 사라진 점이 있기 때문이다. 하지만 칼빈시대의 행태를 감안한다면 바로 그 기능상의 차이가 실질적으로는 중요했다. 그래서 사실 브리타니아의 치리서를 감안하더라도 그 기능적 차별성 때문에 실질적으로는 구별성이 존재하였던 셈이었다. 그래서 상시직들 간의 구별성은 온전성과 비(非)온전성과의 차별성을 내포한다고 볼 수 있다.[78] 쉽게 말해 개혁

---

[77] "Therefore all the ambitious titles invented in the kingdom of Antichrist, and in his usurped hierarchy, which are not of one of these four sorts, together with the offices depending thereupon, in one word, ought to be rejected."(Andrew Melville, "The Second Book of Discipline (1578)," Chapter 2:8; Edited by David W. Hall and Joseph H. Hall, *Paradigms in Polity*: Classic Readings in Reformed and Presbyterian Church Government, (Grand Rapids: Wm. B. Eerdmans Publishing Company, 1994), 237).

[78] "It is not necessary that all elders be also teachers of the word, albeit chiefly they ought to be such, and so are worthy of double honour. What manner of persons they ought to be, we refer it to the express word of God, and, namely, the canons written by the apostle Paul."(Andrew Melville, "The Second Book of Discipline (1578)," Chapter 6:3; Edited by David W. Hall and Joseph H. Hall, *Paradigms in Polity*: Classic Readings in Reformed and Presbyterian Church Government, (Grand Rapids: Wm. B. Eerdmans Publishing Company, 1994), 240).

교회의 전통에 있어서 목사와 장로와 집사는 구별적이다. 다시 말해, 차등(差等)적으로 보기는 힘들지라도 철저하게 구별적임은 부인할 수 없다. 개혁교회의 전통에서 이런 모습은 역력했다. 더 쉽게 말하면 목사가 하는 일을 치리만 하는 장로(일명 장로)는 행하지 못한다. 또 장로가 했던 일을 집사가 할 수도 없었다. 물론 치리만 하는 장로는 임시직이었기 때문에, 임기가 끝났을 때에는 집사직을 수행 할 수도 있었다. 그러나 그렇다고 해도 장로가 목사의 직무를 수행하지는 못한다. 그 이유는 직무의 성격에 있어서 차별적이었기 때문이다.

반면 한국 장로파 교회와 서구의 전통 교회가 어떤 구별성이 있는지를 보여 준 논문들도 있다. 예를 들면 박희영의 "칼빈의 교회론: 그의 직제론과 한국 장로교회 직제론의 비교 연구"의 경우에는 칼빈시대의 직제론과 한국 칼빈파 교회와의 상황을 비교함으로써, 한국교회와 칼빈시대의 직제가 어떻게 달랐는지를 알 수 있도록 했을 뿐만 아니라 임기제에 관해서도 다루었다.[79] 이런 종류의 이해는 윤은수의 비교에서도 짐작할 수 있다.[80] 이와 같은 비교는 이양호의 주장을 통해서도 찾을 수 있다. 이양호는 다음과 같이 말했다.

> 한국교회에서는 장로 교회뿐만 아니라 다른 교파에서도 장로제도를 도입할 정도로 장로 제도가 중요한 역할을 해왔다.(중략) 그러나 종신직 장로제도로 인해 교회 안에서 문제가 발생하는 경우도 있어서 개선책이 필요하다. 칼뱅 당시의 제네바에서는 장로의 연임이 가능하긴 하였으나 임기가 1년이었다. 칼뱅은 교회에 집사제도를 회복하여 집사들을 중심으로 불우한 자들을 위해 물질을 거두

---

79) 박희영, "칼빈의 교회론: 그의 직제론과 한국 장로교회 직제론의 비교 연구," (계명대학교 석사학위 논문, 2002).

80) 윤은수, "초기 한국 장로교회의 권징에 관한 이해," 『초기 한국장로교회의 성립과정 및 신학』 (서울: 한들출판사, 2010), 144.

고, 병자를 간호하고 불우한 자들을 위한 구제 활동을 하는 등 복
지 활동을 하도록 했다.(중략) 그래서 칼뱅은 교회 수입의 "적어도
절반"은 가난한 자의 몫이 되어야 한다고 주장했다.81)

이와 같은 이해는 오늘날의 한국교회가 칼빈주의 목양의 원리와
얼마나 다른지를 인식하게끔 만든다. 물론 제2 스코틀랜드 치리서와
웨스트민스터 정치모범, 그리고 웨스트민스터 공(公)예배모범에서도
가난한 자들에 대한 관심은 컸다. 그리고 이정숙은 다음과 같이 말했다.

> 교단에 관계없이 장로직이 발달된 한국교회에서 장로직이 항존직
> 인가, 임시직인가에 대해 가끔 팽팽한 논의가 오간다. 또한 장로와
> 목사의 관계가 어떠해야 하는가에 대해서는 뜨거운 논쟁이 일어나
> 곤 한다. 만약 우리가 칼뱅식의 제네바교회의 장로정치를 더 존중
> 한다면 무엇보다 목사와 장로의 동료성(collegiality)이 강조되어야
> 할 것이고, 목사나 장로는 그 사역의 효율성에 따라 평가받아야 한
> 다는 점이 강조되어야 할 듯하다.82)

물론 이는 지극히 옳은 말이다. 하지만 이는 지극히 당위적인 말이
기도 하다. 주지하다시피 이와 같은 당위성이 한국교회 안에서는 통
하지 않았다. 또 한국의 장로파교회는 16세기의 제네바 교회로부터
곧바로 이식된 것이 아니었다. 칼빈시대의 제네바 교회와 한국 장로
파 교회와의 차이에 대해서는 이정숙 자신도 잘 알고 있었다.83) 그래
서 당위적으로만 '목사와 장로와의 동료성(collegiality)'을 주장하는
것은 무의미하다. 한국교회가 당위성으로 설득이 될 만큼 합리적이었

---

81) 이양호, "칼뱅주의의 희망, 한국교회," 『종교 개혁과 칼뱅』 (서울: 두란노아카데미, 2010), 123.

82) 이정숙, "칼뱅이 그린 목회: 어머니가 자식을 품듯이," 『종교 개혁과 칼뱅』 (서울: 두란노아카데미, 2010), 248.

83) "세번째 직분인 장로는 제네바의 경우, 현재 우리의 상황과 매우 다르다."(이정숙, "칼뱅이 그린 목회: 어머니가 자식을 품듯이," 247).

다면 그토록 많았던 목사들과 장로들과의 갈등적 사태들은 발생하지도 않았을 것이다. 그래서 한국의 장로파 교회의 문제를 도덕적 당위성이나 인간 실존의 양심의 문제만으로 접근하는 것은 옳지 않다. 만약 인간 사회가 양심만으로 움직일 수 있다면 법적 강제력은 약화될 수도 있다. 하지만 실정성에 있어서는 법적 강제력이 필요할 때가 많다. 특히 광복이후 한국 장로파 교회들의 문제들을 볼 것 같으면 더욱 그러할 것으로 여겨진다. 따라서 본 연구에서는 16·17세기 브리타니아 치리서들의 특징들을 분명하게 살펴봄으로써, 초기 한국 장로파 교회의 헌법이 칼빈주의의 원리에서 얼마만큼 이탈했는지를 탐구해 보려 한다.

Ⅱ. 브리타니아의 치리서들에 나타난 항존직

16세기 스위스 제네바의 개혁교회는 시의회와 교회와의 유기적 협력관계에 있었다. 그래서 장로들은 시의회에서 컨시스토리(consistory)로 파송 된 시의원들이었고, 그 파송되는 수(數)도 12명으로 제한되어 있었다. 그래서 엄밀하게 말하면 16세기 당시 스위스의 제네바에서는 당회(session)나 노회(presbytery)가 없는 셈이었다. 그러나 16세기의 브리타니아에서는 스위스와 같은 공화정의 형태를 하지 않았다. 브리타니아의 경우에는 17세기 때까지도 왕당파와 의회파와의 전쟁 국면이었다. 그래서 브리타니아의 경우에는 스위스와 꼭 같은 방식의 체제를 만들기에는 어려운 점이 있었을 것으로 추측한다. 물론 존 낙스의 경우에는 칼빈시대의 제네바 개혁교회의 모델을 참고하였을 것이다. 그럼에도 불구하고 낙스가 만든 치리서가 칼빈의 영향 아래에 있던 스위스 제네바의 체제와 동일하다고 할 수는 없는 일이었다.[84] 그래서 본 논고에서는 브리타니아 교회의 직제가 어떠했는지를 살필 필요가 있는데, 그 중에서도 소위 '항존(恒存)'으로 여겨질 만한 직무를 중심으로 살피려 한다. 물론 낙스는 장로와 집사를 1년 직 임시직으로 규정했다.[85] 따라서 1560년에 제정된 낙스의 치리서는 장로와 집사를 임시직으로 만들었다. 그렇다면 멜빌의 제2 치리서(1578)의 경우에는 어떨까? 바로 이 부분에 있어서 오해하기 쉬운 문장들이 나타나는 데 자세하게 들여다보면 2치리서의 경우에도 장로와 집사를 종신직으로 여기지는 않았다. 그렇다면 제2 치리서에서 말하는 소위 '항존직(恒存職)'이 있는지, 있다면 어떤 의미인지를 살펴보아야 한다. 멜빌이 작성한 것으로 알려져 있는 제2 스코틀랜드 치리서에서는 다음과 같이 말했다.

> 신약 성경과 복음의 시대에는 하나님께서 말씀의 사역을 위하여 사도들과 예언자들과 복음전도자들과 목사들, 그리고 교사들을 세우셨다; 치리와 질서를 위해서는 장로를 세우셨고, 교회의 돌봄과 관리를 위하여는 집사를 세우셨다.[86]

이러한 교회의 직무들 중 몇몇은 정규직이고, 몇몇은 특정직 또는

---

84) 낙스가 주장하는 체제는 칼빈의 제네바 체제와 유사한 점이 있다. 그러나 장로와 집사의 직무를 교회와 연관 지어 표현한 것은 미세하지만 차이가 있다고 보아야 한다(Edited by David W. Hall and Joseph H. Hall, *Paradigms in Polity*: Classic Readings in Reformed and Presbyterian Church Government, (Grand Rapids: Wm. B. Eerdmans Publishing Company, 1994), 224-225).

85) "The election of Elders and Deacons ought to be used every year once"(Edited by David W. Hall and Joseph H. Hall, *Paradigms in Polity*: Classic Readings in Reformed and Presbyterian Church Government, (Grand Rapids: Wm. B. Eerdmans Publishing Company, 1994), 224).

86) Andrew Melville, "The Second Book of Discipline (1578)," Chapter 2:5(이하 줄여서 SBD로 표기한다); Edited by David W. Hall and Joseph H. Hall, *Paradigms in Polity*: Classic Readings in Reformed and Presbyterian Church Government, (Grand Rapids: Wm. B. Eerdmans Publishing Company, 1994), 236. (이하 줄여서 PP로 표기한다).

임시직이다. 특정직으로서는 세 가지가 있다; (그것은) 사도의 직책과 복음전도자의 직책과 예언자들의 직책인데, 이들의 직책은 영속적이지 않았다. 그래서 하나님이 특별하게 그들을 각성시켜 다시 세우지 않는 한, 하나님의 교회에서는 (그러한 기능들이) 이제 중단 되었다. (그래서) 그들의 특정한 직무들을 다시 행하여야 한다. 하나님의 교회 안에는 상시적으로 행하여야 할 4 가지의 직무들 혹은 직책들이 있다; 그 직책들은 목회자 또는 감독; 박사(신학 교수); 프레스비터 또는 장로; 그리고 집사이다.[87]

여기서의 '정규직(ordinary functions)'은 '직무'이다. 즉 신약시대에 있었던 특정직(extraordinary)들이 중단되었기 때문에 이제 그러한 직무들을 되살려야 함을 뜻한 것이다. 그러한 직무들은 4 가지인데, '목사, 박사, 장로, 집사'라고 했다. 멜빌은 이러한 4 가지 기능을 성경으로부터 옮겼다.

그렇다면 과연 이 '정규직(ordinary)'이라는 단어를 '항존(恒存)'으로 이해할 수 있는가하는 문제가 남는다. 분명한 것은 이 단어를 '항존(恒存)'으로 옮길 수 있다고 하더라도 그것은 '사람'에게는 해당하지 않는다. 그것은 '직무'에 해당된다. 즉 사람이 항존 하는 것이 아니라 성경 시대에 행하여지다가 중단 되었던 직무를 '지속(항존)'시켜야 한다는 뜻이다. 그래서 본문에서도 "상시적으로 행하여야 할 4 가지의 직무들(four ordinary functions)"이라고 분명하게 밝혔다. 제2 스코틀랜드 치리서를 좀 더 살펴보자.

이와 같은 직책들은 교회 안에서 상시직이며, 영속적인 직책이다. 왜냐하면 교회의 정치와 체제를 위하여는 참된 교회에 있어서 하나님의 말씀을 따라 세워진 직책들이 필요하고 (이외의)더 이상의

직책은 있어서도 안 되고 있을 필요도 없기 때문이다.[88]

여기서 주목할 단어는 두 가지인데, 그것은 '상시직(ordinary)'과 '영속적(continue perpetually)'[89]이라는 말이다. 여기서 주장하는 '상시적'이고, '영속적'인 것 역시 '사람'이 아니라 '직책'이다. 16세기 식 영어[90] 표기를 남겨 둔 본문에서도 "이와 같은 직책들(These offices)"이라고 분명하게 밝혔다. 따라서 멜빌이 주장한 제2 스코틀랜드 치리서의 경우에는 사람이 항존 하는 것이 아니라 '직책'이 항존 한다. 즉 교회의 역할로서 4개의 기능을 지속적으로 행하라는 뜻이지, 어떤 사람들이 죽을 때까지 직임을 맡으라는 뜻이 아니다. 물론 17세기 브리타니아의 치리서에서는 사람을 항존으로 볼 만한 구절도 있기는 있다. 그 구절은 다음과 같다.

> 목사직은 교회에서 상시직이며, 영속적인 직무자인데 복음의 시대
> 에 있어서는 예언자직과 같은 것이다.[91]

여기서 상시직인 동시에 영속적인 직무자(perpetual officer)는 '목사'라고 했다. 그래서 만약 어떤 직임자를 항존 하는 직무자(사람)로 여겨야 한다면 그것은 목사이다. 그러나 웨스트민스터 정치모범에서

---

88) SBD, Chapter 2:7; PP, 236.

89) 이 단어에 대한 이해가 본 논문에서는 매우 중요하다. David W. Hall and Joseph H. Hall이 편집한 자료를 따르면 다음과 같다: "Their offices are ordinary and ought to continue perpetually in the church"(PP, 236). 여기서 분명하게 제시된 것은 '그들의 직책들'이라는 말이다. 즉 사람을 가리키지 않고, 직책을 가리켰다.

90) 본 논문에서 인용한 자료인 "Andrew Melville, The Second Book of Discipline (1578),"은 16세기 식 영어 표기를 남겨 둔 자료이다. 그러나 David W. Hall and Joseph H. Hall이 편집한 자료의 경우에는 16세기 식 영어 표기가 아니다.

91) "The Form of Presbyterian Church-Government according to the Westminster Standards (1645)," "Pastors."(이하 줄여서 GWS로 표기한다).

'치리만 하는 장로(일명 장로)'를 종신직으로 여길만한 구절은 찾지 못했다. 그렇다면 웨스트민스터 정치모범(1645)에, 집사에 대해서는 뭐라고 했는지 살펴보아야 한다. 웨스트민스터 정치모범에서는 집사에 대해 다음과 같이 주장했다.

> 성경은 집사직을 교회 안에서 특별한 직책이라고 강조한다.[92]

> 그들(집사들)의 직책은 영속적이다. 그러나 그들의 직무는 말씀을 설교하거나 성례를 집행하는 것은 아니며, 가난한 자들의 필요를 따라 나누어 주고, 그들을 돌보는 것이다.[93]

여기서도 분명하게 제시되었다. 집사의 '직책(office)'은 영속적이다. 즉 집사의 경우에도 직책이 항존 하는 것이지, 사람이 항존 하는 것은 아니다. 그래서 목사는 '사람(officer)'이 항존 하고, 집사는 '직책(office)'을 항존 시켜야 한다. 그래서 집사는 임시직일 가능성이 크다. 마찬가지로 장로도 임시직일 가능성이 크다.[94]

그렇다면 제2 스코틀랜드 치리서에서의 목사직은 과연 항존적일까? 우선 제2 스코틀랜드 치리서에서 밝히는 장로들의 종류를 알아야 한다. 제2 스코틀랜드 치리서의 경우에는 목사, 신학 교수(박사), 장로를 모두 장로라고 불렀다. 그러나 그 장로들이 모두 같은 장로는

---

92) GWS, "Deacons."

93) GWS, "Deacons."

94) 칼빈시대 제네바에서는 매년 2월 시의회에서 '컨시스토리'로 12명의 시의원들을 파송하였다. 바로 그 12명의 시의원들을 일컬어 '장로'라고 불렀는데, 그들의 임기는 1년이었다. 스코틀랜드의 존 낙스는 장로와 집사의 임기를 1년으로 정했다("The election of Elders and Deacons ought to be used every year once"PP, 224). 그렇다면 멜빌의 제2 치리서나 웨스트민스터 정치모범에서 임기에 대해 커다란 변화를 줄 만한 구절이 나타나야 어떤 직임자에 대해 '종신직'으로 이해할 수 있을 듯한데, 그러한 근거는 찾지 못했다. 제2 스코틀랜드 치리서의 주된 관심은 '임기'에 있지 않다. 제2 스코틀랜드 치리서는 세속정치와 교회정치가 어떻게 다른지에 주된 관심이 있다.

아니었다. 제2 스코틀랜드 치리서에서는 장로들에 대해 다음과 같이 말했다.

> 성경에 나오는 장로라는 말은 어떤 때에는 나이와 관련하여 쓰였고, 어떤 때에는 직책에 관련하여 쓰였다. 직책과 관련해서는 포괄적으로 연로자(年老者)나 장로로 명명되었던 것처럼 목사나 박사를 의미하기도 한다.95)

이와 같이 제2 치리서에서는 성경을 해석하여, 장로 제도를 정하였다. 그래서 16세기에 재(再)해석된 장로직이 바로 교회의 직분이라는 뜻이 된다. 물론 이와 같은 제도를 로마 가톨릭의 성직체계와 비교한다면 당연히 파격적으로 보일 수밖에 없다. 왜냐하면 로마 가톨릭의 성직체계는 계급(hierarchy)적이기 때문이다. 하지만 자세히 들여다보면 제2 치리서에서도 역할 상의 구분은 하고 있다. 그래서 그 당시 브리타니아의 치리서가 차등적 직제라고 하기는 어렵지만 그 직무에 있어서만큼은 '구별적'으로 보아야 한다. 그렇다면 제2 스코틀랜드 치리서에서는 장로들을 임시직으로 여겼을까 아니면 종신직으로 여겼을까? 이에 대해 제2 스코틀랜드 치리서에서는 다음과 같이 주장했다.

> 우리의 구분은 이러하다. 우리는 저들을 사도들이 의장 혹은 총독으로 명명했던 바의 장로라고 부른다. 그들의 직책은 상시적이고 영속적이다. 그리고 하나님의 교회에서 항상 필요하다. 장로직은 사목(司牧)으로써 영적인 직무이다. 장로들은 한 번 합법적으로 임명되어 그 직책을 제대로 사용하는 한에 있어서는 버려서는 아니 된다. 율법에 따라 성전에서 봉사했던 레위 자손들이 그리했던 것

---

95) SBD, Chapter 6:1; PP, 239.

처럼96) 한 조의 장로가 몇몇 장로직을 다른 조에게 넘겨줄 수 있는 수만큼의 많은 장로가 선출되어야 한다. 각 교회에 있어서 장로의 수는 제한되어서는 안 되고, 교인들의 영역과 필요를 따라 정해져야 한다.97)

이와 같이 장로는 그 직책에 있어서는 영속(항존)적이다. 그러나 장로직을 맡은 특정한 사람들이 장로직을 계속 맡을 수 있는 것으로 이해되어서는 안 된다. 즉 장로는 다른 조의 사람들에게 자리를 넘겨주어야 하기 때문이다(즉 한 조의 장로가 몇몇 장로직을 다른 조에게 넘겨주어야 한다). 따라서 장로를 종신 안수직으로 만들었다는 임희국의 주장은 타당성이 없다. 존 낙스의 제1 치리서(1560)와 비교할 때 제2 치리서(1578)는 임기 수행에 있어서 획기적일 정도로 변화를 보인 흔적이 나타나지 않았다. 그렇다면 이럴 경우에는 전례를 존중할 수밖에 없다. 즉 장로와 집사의 임기가 1년이었거나 아니면 적어도 임기제만큼은 존속 되었을 가능성이 크다. 사실 제2 스코틀랜드 치리서의 주된 관심은 장로나 집사의 임기에 있지 않다. 그런데 유달리 임희국은 장로들의 임기에 관심을 보였다. 하지만 제2 스코틀랜드 치리서에서의 주된 관심은 세속정치와 교회 정치와의 구분에 있었다. 그렇다면 제2 스코틀랜드 치리서의 주된 관심을 살펴보자.

---

96) 역대 상 24:1-31, 25:1-31, 26:1-32를 보면 레위지파를 포함하여, 각각의 성전봉사자들이 나타난다. 역대 상 24:19에서는 다음과 같이 말했다: "이와 같은 반차로 여호와의 전에 들어가서…" 이에 대해 공동번역 성경에서는 다음과 같이 말했다: "그들은 이런 차례로 등록이 되어 야훼의 성전에 들어 가…" 여기서 '반차'나 '차례'는 복무순서이다. 즉 각 반이 돌아가면서 성전봉사를 맡았다는 뜻이다. 물론 멜빌이 쓴 제2 치리서에는 대상 24:19라는 성경의 근거를 밝히지는 않았다. 하지만 레위 자손들이 그리 했던 것처럼 "한 조의 장로가 몇몇 장로직을 다른 조에게 넘겨주어야 한다"라는 말은 그 당시의 장로들이 임시직이었음을 뜻하는 것으로 여겨진다.

97) SBD, Chapter 6:2; PP, 239.

그럼에도 불구하고, 교회의 다른 직원들이 세속적 정치질서에 따라
야 하는 것처럼 일반 정치인들은 교회 정치체제에 영적으로 예속
이 되어야 한다. 그리고 한 사람이 상시적으로 이 두 가지의 직책
을 겸임할 수는 없다. 세속의 권력은 칼의 힘으로 불리고 교회의
권력은 열쇠의 힘이다.[98]

일반 정치인들은 교직자들이 그들의 직책을 하나님의 말씀을 따라
사용하도록 그들을 권고해야 한다. 교직자들은 기독교 공무원들이
정의를 실현하고, 악을 벌하며 그들의 영역 안에 있는 교회가 자유
와 평화를 유지하도록 요구해야 한다.[99]

이를 따르면 교회 정치체제(ecclesiastical government)이며, 교직자
들(spiritual rulers)이다. 제2 스코틀랜드 치리서, 제1장의 제목은 "교회
와 교회정치, 그리고 교회정치와 세속정치와의 차이"[100]이다. 이는
교회 정치와 세속정치가 어떻게 다른지를 조명했다. 바로 이 부분이
브리타니아 치리서의 중요한 변수였던 것으로 여겨진다. 그래서 장로
의 임기나 집사의 임기는 주된 관심이 아니었던 것으로 보인다.

III. 초기 한국 교회의 헌법에 나타난 직무

전재홍의 주장을 따르면 한국에서 초기 장로파 교회의 헌법에 지
대한 영향을 준 사람은 곽안련(C. A. Clark)이다.[101] 그러나 곽안련의
『教會史典彙集 (一九一八年 刊)』에 수록된 초기 죠선예수교쟝로회의

---

98) SBD, Chapter 1:9; PP, 235.

99) SBD, Chapter 1:10; PP, 235.

100) Chapter 1, Of the Kirk and Policy Thereof in General, and Wherein It is Different from the Civil Policy.

101) 전재홍, "한국 장로교회에서의 헌법의 형성과정에 관한 연구," 『초기 한국 장로교회의 성립과정 및 신학』, 101-115.

'헌법(憲法)'을 보면 웨스트민스터 정치모범(1645)과의 차이가 심하다. 그 차이는 특별히 직무에서 드러난다. 초기 죠선예수교장로회의 헌법을 보면 다음과 같이 주장했다.

一. 견임목ᄉ(傳任牧師) 이(此)는 위임(委任)을 밧아 지교회사무(支教會事務)를 독담(獨擔)ᄒ는자(者) 二. 동ᄉ목ᄉ(同事牧師) 이(此)는 션교ᄉ(宣教師)와 ᄀᆞ치 교회일(教會事)를 맛흔쟈(者) 一. 위임동ᄉ목ᄉ(委任同事牧師) 위임(委任)을 밧고 션교ᄉ(宣教師)와 ᄀᆞ치 교회일(教會事)를 맛흔쟈(者) 二. 림시동ᄉ목ᄉ(臨時同事牧師) 이(此)는 위임(委任)을 밧지아니ᄒ고 션교ᄉ(宣教師)와 ᄀᆞ치 교회일(教會事)를 맛흔쟈(者) 三. 림시목ᄉ(臨時牧師) 이(此)는 위임(委任)을 밧지아니ᄒ고 림시(臨時)로 지교회일(支教會事)를 맛흔쟈(者) 四. 무임목ᄉ(無任牧師) 이(此)는 명칭(名稱)만잇고 로회(老會)에셔 ᄉ무(事務)를 밧지못흔쟈(者) 五. 피퇴목ᄉ(被擇牧師) 이(此)는 교회(教會)의 청빙(請聘)은 밧고 아즉 시무(視務)치 안는쟈(者) 六. 이명목ᄉ(移名牧師) 이(此)는 본로회(本老會)의 이명(移名)을 밧고 다른 로회(他老會)에 아즉 록명(錄名)치 아닌쟈(者) 七. 전도목ᄉ(傳道牧師) 이(此)는 교회 셔지아닌디방(教會不立地方)에 젼도(傳道)하고 교회(教會)를 셜립(設立)ᄒ는쟈(者) 八. 션교사(宣教師) (중략) 九. 디방목ᄉ(地方牧師) 이(此)는 수다(數多)흔 지교회디방(支教會地方)에셔 림시시무(臨時視務)ᄒ는쟈(者) 十. 양로목ᄉ(養老牧師) 이(此)는 지교회(支教會)에셔 시무(視務)하다가 로혼(老昏)이나 질병(疾病)으로 인(因)ᄒ야 ᄉ면(辭免)ᄒ거든 본지교회(本支教會)가 그공로(其 功勞)를 인(因)ᄒ야 은양(恩養)ᄒ는쟈(者) 十一. 퇴로목ᄉ(退老牧師) 이(此)는 양로목ᄉ(養老牧師)와 ᄀᆞ(同一)흔 형세(形勢)로 로회(老會)에 청원(請願)ᄒ고 ᄉ직(辭職)흔쟈(者) 十一. 부목ᄉ(副牧師) (류안)(留案)[102]

칼빈시대의 격률에서부터 웨스트민스터 정치모범에 이르기까지 목사의 종류가 이토록 많은 경우는 전무(全無)하다. 웨스트민스터 정치모범에서는 한 가지 종류의 목사 밖에 없다. 즉 그냥 목사일 뿐이

---

102) 郭安連, 『教會史典彙集 (一九一八年 刊)』(京城: 朝鮮福音印刷所, 一九一八), 八七−八八.

다.103) 그러나 오늘날 한국 장로파 교회의 헌법은 초기 죠선예수교장
로회의 헌법을 받아들여 각 교파마다 개정된 것으로 여겨진다. 대한
예수교장로회 통합 측이나 합동 측의 헌법들을 보아도 목사들의 명
칭이 다양하다.104) 다양할 뿐만 아니라 그 명칭에 따라 권한상의 차
이도 있다.105) 그렇다면 이는 목사들의 서열화를 법적으로 인정한 것
이나 마찬가지이다. 그러나 목사들의 서열화야 말로 제2 스코틀랜드
치리서에서 결정적으로 반대한 것이었다.106) 대한예수교장로회 통합
측 헌법에서는 다음과 같이 주장했다.

　　교회의 직원은 항존직과 임시직으로 구분한다.107)

　그런데 이러한 항존직과 임시직과의 구별이 16-17세기의 브리타니
아 치리서들과는 판이(判異)한 행태를 드러낸다.108) 그런데 선교사 곽
안련은 자신이 마치 웨스트민스터의 조례를 따른 것처럼 주장했다.
곽안련은 다음과 같이 말했다.

---

103) GWS, "Concerning the Doctrinal Part of Ordination of Ministers.": PP, 273-274.
104) 대한예수교장로회 총회, 『헌법(통합)』(서울: 한국장로교출판사, 2007), 176-177; 대한예수교장로회총회, 『헌법(합동)』(서울: 대한예수교장로회총회 출판부, 1993), 156-158.
105) 대한예수교장로회 통합 측 헌법에 의하면 위임목사가 없는 교회에서는 부목사를 청빙할 수 없다(대한예수교장로회 총회, 『헌법(통합)』, 177).
106) SBD, Chapter 2:8; PP, 237.
107) 대한예수교장로회 총회, 『헌법(통합)』, 175.
108) 예를 들면 브리타니아의 치리서에서는 장로와 집사를 임시직으로 규정했다. 그러나 한국에서의 장로와 집사는 항존직분자이다. 또 브리타니아의 치리서에서는 '권사'라는 직책이 없다. 그러나 한국에서는 있다. 또한 브리타니아의 치리서에서는 '안수집사'와 '서리집사'라는 구분도 없다. 그러나 한국에서는 있다. 만약 안수집사와 서리집사로 구분할 수 있다면 안수장로와 서리장로와의 구분도 있어야 하지 않겠는가? 뿐만 아니라 목사의 종류에 있어서도 위임목사와 임시목사가 가능하다면 장로의 경우에도 항존장로와 임시장로로 구분해야 그 형평성에 있어서 보다 더 공정하지 않겠는가?

본장(本章)은 이(此)를 슈합(收合)ᄒᆞ거신ᄃᆡ 편집(編輯)ᄒᆞᄂᆞᆫ 방법(方法)은 웨스터민스터 헌법(憲法)의 ᄎᆞ레(目次)에 모방(模倣)ᄒᆞ야 편셩(編成)ᄒᆞ얏ᄂᆞ니[109]

물론 여기서 주장한 '웨스트민스터 헌법'은 '웨스트민스터 정치모범(1645)'이 되어야 타당하다. 그러나 초기 죠션예수교장로회의 헌법은 그 내용에 있어서만큼은 웨스트민스터 정치모범과는 판이(判異)하다. 그 몇 가지 사례를 들어 보겠다. 첫째, 웨스트민스터 정치모범에서는 목사의 종류가 굳이 말하자면 한 가지 뿐이다.[110] 그러나 초기 죠션예수교장로회의 헌법에서는 목사의 종류와 구분이 매우 다양하다. 둘째, 웨스트민스터 정치모범에서는 목사 안수의 과정에 대해 상세하게 기록했을 뿐만 아니라 그 당시의 브리타니아에서는 목사가 되는 일이 매우 어려웠다.[111] 그러나 곽안련은 웨스트민스터 정치모범에 나타난 목사임직의 상세한 방법에 대해 기록하지 않았다.[112] 사실 기록했다고 하더라도 그 당시 한국교회의 상황이 웨스트민스터 정치모범에서 제시한 목사임직의 방법대로 시행 할 만한 여건이 될 수 있었을는지도 의문이다. 한국에서는 '무임목사(無任牧師)'라는 말

---

109) 郭安連, 『敎會史典彙集 (一九一八年 刊)』, 七四.

110) 다만 웨스트민스터 정치모범에서 약간의 차이를 둔다면 특정직이라 할 수 있는 군목제도에 있다(GWS, "Extraordinary Practises."). 그 당시의 군목제도는 일반적인 목사의 임직방식과는 차이를 보인다. 그러나 특수한 기관이 아닌 교회에서 목양을 하는 경우라면 목사의 명칭은 동일하다. 즉 목사의 명칭은 한 가지 뿐이며, 그 목사들 간의 권한이 적어도 법적으로는 차이가 없다. 물론 웨스트민스터 정치모범에서는 목사고시를 치르는 과정에서 그 응시자의 '은사'를 살핀다. 그래서 은사의 균형을 따라 목사로서 효율적인 직무의 수행을 감당할 수 있도록 했던 것 같다. 그러나 이는 역할상의 구분이었지, 권한상의 차별은 아니었다.

111) 지면관계상 17세기 당시의 목사임직의 과정에 대한 소개는 생략한다. 다만 필자가 이해한 바를 소개하자면 지금과는 비교도 할 수 없을 정도로 문맹률이 높았을 그 시기에 웨스트민스터 정치모범에서 주장하는 목사 임직의 과정은 매우 어려웠을 것으로 여겨진다. 그 당시의 목사고시를 오늘날 한국에서 시행되는 종류의 어떤 시험들과 비교할 수 있다면, 그것은 오늘날 한국에서 치르는 사법고시나 행정고시에 견줄 만하다고 여겨진다(GWS, "The Rules for Examination."; PP. 274-277).

112) 郭安連, 『敎會史典彙集 (一九一八年 刊)』, ㅡ ㅡ ㅡ(111).

까지 쓴다. 이야말로 목사제도에 대해 개념이 부족한 사람들이나 쓸 수 있는 용어이다. 웨스트민스터 정치모범에서 '무임'중인 사람은 목사가 아니다. 만약 용어를 바꾼다면 '휴직 중인 목사'정도가 그나마 어울릴 듯하다. 또 초기 죠션예수교쟝로회의 헌법에는 '피택목사'라는 말도 있는데, 이 역시 웨스트민스터 정치모범에서 제시하는 목사의 개념과는 판이(判異)하다. 둘째, 장로제도이다. 웨스트민스터 정치모범에서의 장로는 주로 '치리'에 연관 된 일을 한다. 그러나 오늘날 한국교회의 장로들은 교회의 재산 문제에도 개입된다.[113] 또 오늘날 한국교회에 있어서는 장로들의 권한이 비대해 져 있다.[114] 한국 교회에 있어서 장로들의 역할이 비대해졌음은 그 정도에 그치지 않는다. 오늘날 한국 장로파 교회의 공(公)예배에서는 대부분 장로들이 기도를 한다. 하지만 웨스트민스터 예배모범(1644)에서는 공(公)예배 시간의 기도가 목사의 직무임을 분명하게 제시했다.[115] 목사의 직무로 제시했을 뿐만 아니라 그 기도의 내용이 어떤 종류의 것이어야 하는지도 분명하게 밝혔다.[116] 즉 기도의 지침서라고 할 수 있다. 한국에서 주로 나타난 갈등의 한 경향은 목사와 장로 사이에서 두드러진다. 임희국은 "목사와 장로를 동등한 직분으로 보고"라고 함으로써, 목사와 장로가 평등적임을 주장했다. 그래서 유독 목사와 장로가 차별성이

---

113) 대한예수교장로회 통합 측 헌법을 보면, 당회의 직무에 대해 "당회는 지교회의 토지, 가옥 등 부동산을 관리한다."라고 되어 있다(대한예수교장로회 총회, 『헌법(통합)』, 188).

114) 예를 들면 대한예수교 장로회 통합 측 헌법을 볼 때, 당회가 예배를 관장한다고 주장한다(대한예수교장로회 총회, 『헌법(통합)』, 188). 그러나 예배는 목사들이 주관하는 일이다. 합동 측의 경우에는 당회가 헌금 수집하는 일을 주장한다고 했다(대한예수교장로회총회, 『헌법(합동)』, 164). 그러나 초기 죠션예수교장로회의 헌법을 따르면 헌금에 대한 직무는 집사들이 맡도록 했다(郭安連, 『敎會史典彙集 (一九一八年 刊)』, 八八).

115) Selected by Bard Thompson, *Liturgies of the Western Church* (New York: The William Collins and World Publishing Company, 1962), 358, 367.

116) Selected by Bard Thompson, *Liturgies of the Western Church*, 358-363.

없는 것처럼 보이게 했는데, 이는 사실과는 차이가 있다. 왜냐하면 제 2 스코틀랜드 치리서를 따를 때에는 목사와 장로만 동등한 것이 아니라 목사와 집사도 동등하기 때문이다. 즉 제2 스코틀랜드 치리서에서는 목사와 장로와 집사를 모두 동등한 신분으로 여긴다.[117] 그럼에도 불구하고 우리가 목사와 집사가 다르다고 느끼는 이유가 있는데 그것은 직무상(기능적)의 구별 때문이다. 그래서 사실은 그 구별성 때문에 차별성이 있다고 보아야 한다. 오늘날에 있어서 종종 문제가 되는 것이 목사의 임직식에서 장로가 기도할 수 있느냐이다. 그러나 웨스트민스터 정치모범에서 말하는 목사의 임직식은 '설교하는 장로들의 회(즉 목사회)'에 가입하는 예식이다.[118] 그래서 이러한 예식에 '치리만 하는 장로들(일명 장로들)'이 개입될 필요는 없어 보인다.

셋째, 한국 장로파 교회의 문제는 안수집사와 서리집사와의 구분이다. 이러한 구별은 16-17세기 개혁교회의 전통에서는 찾을 수 없다. 넷째, 한국 교회에서는 권사가 있다. 이 역시 서구의 개혁교회에서는 만들지 않았던 제도이다. 이와 같은 여러 가지의 특징들을 볼 때 초기 죠선예수교쟝로회의 헌법이나 오늘날의 대한예수교 장로회의 헌법은 16-17세기 브리타니아의 치리서들과 비교할 때 판이(判異)함을 알 수 있다. 특별히 직무자들의 임기와 직무자들이 임직하는 방식, 그리고 그들의 권한에 있어서 그렇다.

---

117) "Therefore all the ambitious titles invented in the kingdom of Antichrist, and in his usurped hierarchy, which are not of one of these four sorts, together with the offices depending thereupon, in one word, ought to be rejected."(SBD, Chapter 2:8; PP, 237).

118) "by those preaching presbyters to whom it doth belong."(GWS, "Touching the Doctrine of Ordination,"; PP, 273).

Ⅳ. 나가는 말

이상의 연구 결과를 따르면 16-17세기 브리타니아의 치리서들에 나타난 '항존직(恒存職)'은 사람에 해당하는 것이 아니라 주로 직무에 해당됨을 알 수 있었다. 즉 직무자들이 종신(終身)토록 임무를 맡는 것이 아니라 임기의 제한이 있는 임시직이지만 그 직무만큼은 사람들이 돌아가면서 지속적으로 맡을 수 있도록 제도를 만들어 놓았다. 그러나 웨스트민스터 정치모범(1645)을 따르면 목사의 경우에는 예외적으로 사람이 항존(恒存)하는 것처럼 보인다. 즉 목사는 장로나 집사와는 달리, 임시직이 아니었을 가능성이 컸다. 하지만 이에 대해서는 보다 자세히 검토해 보아야 한다.

이와 같이 본 연구에서는 16-17세기 브리타니아의 치리서들을 통하여 한국 장로파 교회의 문제점들을 살펴보았다. 그러나 초기 죠선예수교쟝로회에서는 17세기 브리타니아의 치리서를 곧바로 옮기지 못했다. 초기 죠선예수교쟝로회에서는 웨스트민스터 정치모범을 알고는 있었지만 그 규례를 기록으로 남기지도 못했고, 또 그 규례대로 시행하지도 않았다. 그것이 초기 한국 장로파 교회의 한계이기도 했다.

본 연구의 후속과제는 16-17세기 당시 브리타니아에서 목사들의 사례비가 어느 정도였는지를 알아보는데 있다. 왜냐하면 제2 스코틀랜드 치리서를 따를 때 목사 제도는 계급(hierarchy)적이지 않았기 때문이다. 그렇다면 사례비에 있어서도 차이가 없어야 한다. 그래서 그 당시에 목사들의 사례비는 어떻게 정해졌는지를 알아보아야 한다. 다시 말해 그 당시에 목사들 간의 사례비들이 차이가 있었는지, 없었는지 있었다면 어느 정도였는지에 대해서 앞으로 연구해 보아야 한다.

참고문헌

郭安連. 『敎會史典彙集 (一九一八年 刊)』. 京城: 朝鮮福音印刷所, 一九一八.

대한예수교장로회총회. 『헌법(합동)』. 서울: 대한예수교장로회총회 출판부, 1993.

대한예수교장로회 총회. 『헌법(통합)』. 서울: 한국장로교출판사, 2007.

박희영. "칼빈의 교회론: 그의 직제론과 한국 장로교회 직제론의 비교 연구." 계명대학교 석사학위논문, 2002.

배광식. 『장로교정치 통전사』. 용인: 킹덤북스, 2011.

윤은수. "초기 한국 장로교회의 권징에 관한 이해."『초기 한국장로교회의 성립과정 및 신학』. 서울: 한들출판사, 2010, 119-144.

이양호. "칼뱅주의의 희망, 한국교회."『종교개혁과 칼뱅』. 서울: 두란노아카데미, 2010, 120-130.

이정숙. "칼뱅이 그린 목회: 어머니가 자식을 품듯이."『종교 개혁과 칼뱅』. 서울: 두란노아카데미, 2010, 238-250.

임희국. 『하늘의 뜻, 땅에 심는 성내교회 100년사』. 풍기: 성내교회 100년사 편찬위원회, 2009.

전재홍. "한국 장로교회에서의 헌법의 형성과정에 관한 연구."『초기 한국 장로교회의 성립과정 및 신학』. 서울: 한들출판사, 2010, 83-118.

Hall, David W. and Hall, Joseph H. ed. *Paradigms in Polity*: Classic Readings in Reformed and Presbyterian Church Government. Grand Rapids: Wm. B. Eerdmans Publishing Company, 1994.

Melville, A. "The Second Book of Discipline (1578)."

Thompson, B. select. *Liturgies of the Western Church*. New York: The William Collins and World Publishing Company, 1962.

"The Form of Presbyterian Church-Government according to the Westminster Standards (1645)."

공헌배

영남신학대학교(Th. B equiv.)
호남신학대학교 신학대학원(M. Div.)
호남신학대학교 대학원(Th. M.)
계명대학교 대학원(Ph. D.)

목사들을 위한

변호

초판인쇄 | 2012년 4월 13일
초판발행 | 2012년 4월 13일

지 은 이 | 공헌배
펴 낸 이 | 채종준
펴 낸 곳 | 한국학술정보㈜
주　　소 | 경기도 파주시 문발동 파주출판문화정보산업단지 513-5
전　　화 | 031) 908-3181(대표)
팩　　스 | 031) 908-3189
홈페이지 | http://ebook.kstudy.com
E-mail | 출판사업부　publish@kstudy.com
등　　록 | 제일산-115호(2000. 6. 19)

ISBN　　978-89-268-3259-2 03230 (Paper Book)
　　　　　978-89-268-3260-8 08230 (e-Book)